# 너희는
# 일어서
# 다시 가라

# 너희는 일어서 다시 가라

요나·미가·나훔 강해설교

**초판 1쇄 발행** 2022년 6월 3일
    **2쇄 발행** 2022년 8월 12일
    **3쇄 발행** 2024년 3월 11일

**지은이** 이동원
**펴낸곳** 압바암마
**출판등록** 제2012-000093호

**주소** 경기도 성남시 분당구 황새울로 200번길 28, 1104-35호(수내동, 오너스타워)
**전화** 031-710-5948
**팩스** 031-716-9464
**이메일** webforleader@jiguchon.org

ISBN 978-89-98362-29-4(03230)
값 12,000원

- 잘못된 책은 구입하신 곳에서 바꾸어 드립니다.
- 압바암마(abba amma)는 아람어로서 '아빠 엄마'라는 뜻입니다.

# 너희는 일어서 다시 가라

### 요나 · 미가 · 나훔 강해설교

이동원 지음

# 서문

지금 우리는 팬데믹 시대를 지나가며 지쳐 있습니다.
요나서 마지막 장의 요나처럼 주저앉아 있습니다.
우리는 이제 사명의 땅 니느웨를 잊고 싶어 합니다.
나훔은 마침내 앗수르/니느웨의 마지막을 예언합니다.
그런데 이 메시지는 역설적으로 이스라엘의 위로가 되었습니다.

역시 앗수르의 위협 아래 이스라엘은 극도의 불안을 경험합니다.
패배주의가 사람들의 마음을 좌절시키고 있습니다.
이런 시대를 이끌어야 할 지도자들마저 변질되었습니다.
이런 시대에 하늘을 향해 고개를 든 선지자 미가는
"야훼 같은 이가 누구인가?"라고 외치며 메시아의 구원을 전합니다.

요나, 미가, 나훔의 공통적 메시지가 있다면
주의 백성들이 주저앉아 있으면 안 된다는 것입니다.
일어나 다시 사명의 내일로 가야 한다는 것입니다.
우리에게 익숙하지 않은 구약의 작은 소선지서들이지만
저는 이 책들에서 우리 시대를 향한 희망을 다시 발견합니다.

저는 이 시대에 희망의 산소를 공급받아야 할 모든 이에게
이 짧은 구약의 책들에서 그 희망을 전달받으시기를 권합니다.
심판의 경고 속에 감춰진 구원, 어둠 속에 밝아 오는 여명의 빛…
그 빛을 향하여 일어서 다시 가라고 권하고 싶습니다.
한국 교회의 모든 리더와 평신도 동역자들에게 이 책을 드립니다.

일어서 다시 가십시오!


동역자, 이동원 목사
(지구촌 목회리더십센터 섬김이)

# 목차

## 요나

# 미가

# 나훔

요나

# 1.
## 순종이냐, 도피냐
### (요나 1:1-3)

[1]여호와의 말씀이 아밋대의 아들 요나에게 임하니라 이르시되 [2]너는 일어나 저 큰 성읍 니느웨로 가서 그것을 향하여 외치라 그 악독이 내 앞에 상달되었음이니라 하시니라 [3]그러나 요나가 여호와의 얼굴을 피하려고 일어나 다시스로 도망하려 하여 욥바로 내려갔더니 마침 다시스로 가는 배를 만난 지라 여호와의 얼굴을 피하여 그들과 함께 다시스로 가려고 배삯을 주고 배에 올랐더라

수년 전 많은 사람들에게 흥미와 교훈을 함께 제공한 스필버그의 명화 「인디아나 존스 시리즈」의 3편은 「인디아나 존스와 최후의 성전, Indiana Jones and the Last Crusade」으로, 예수님의 성배를 찾아가는 이야기입니다. 인디아나 존스 박사 일행은 마침내 성배가 있는 곳에 접근하게 됩니다만 그러나 그들 앞에 세 개의 시험이 기다리고 있었습니다. 특히

세 번째 시험이 인상적입니다. 천 길 낭떠러지 건너편으로 건너가야 하는데 다리가 없습니다. 훌쩍 뛰어넘을 수 있는 거리도 아닙니다. 그냥 '믿음으로 뛰어내릴 수밖에 없다(Leap of faith)'는 결론에 달합니다. 결국 존스 박사는 허공을 향해 자신을 던져 뛰어내립니다. 순간 발에 닿는 딱딱한 감촉, 보이지 않던 다리가 나타난 것입니다. 인생은 믿음의 시험을 통과하지 않고는 가장 중요한 것을 얻을 수 없다는 레슨을 스필버그는 우리에게 제공하고 싶었는지 모릅니다. 그러나 십자기사단이 지키는 여러 성배들이 놓인 방에 도착했을 때 한 기사가 소리칩니다. "현명하게 선택하라!(Choose wisely)" 결국 마지막 최후의 시험은 선택의 시험이었던 것입니다.

오늘 이런 선택의 시험 앞에 직면한 구약의 한 선지자의 이야기를 시작하려고 합니다.

> "¹여호와의 말씀이 아밋대의 아들 요나에게 임하니라
> 이르시되 ²너는 일어나 저 큰 성읍 니느웨로 가서 그
> 것을 향하여 외치라 그 악독이 내 앞에 상달되었음이
> 니라 하시니라"                              (욘 1:1-2)

그가 이 말씀을 받는 순간 그는 선택의 기로에 서게 됩니다. 순종하여 니느웨로 갈 것인가 아니면 이 말씀을 무시하고 다

른 길로 도피할 것인가? 우리는 물론 결과를 잘 알고 있습니다. 그가 도피하다가 큰 물고기 뱃속에 들어가 고생하고 그리고 마침내는 억지로라도 순종할 수밖에 없었던 이야기를 말입니다. 그러면 성경이 이런 요나의 이야기를 통해 우리에게 요나라는 한 인간을 오고 오는 시대에 소개하려는 의도가 무엇일까요? 우선 분명한 것은 요나나 요나를 삼킨 큰 물고기가 이 이야기의 핵심이 아니라는 것입니다. 오히려 요나를 위해 큰 물고기(Great fish)를 준비하신 큰 하나님(Great God)이 이 책의 주인공이라는 사실입니다. 요나가 만난 큰 하나님을 통해 우리가 만나야 할 큰 하나님을 소개하고자 하는 것입니다.

## Ⅰ 요나서의 서론이 보여 주는 하나님

### 1. 인간(요나)의 모든 것을 아시는 하나님이십니다.

우리는 큰 물고기가 요나를 삼켰음에도 그가 죽지 않았다는 사실 때문에 이 이야기를 전설의 고향 이야기처럼 하나의 신화나 우화로 간주하려는 경향이 있습니다. 그러나 성경의 기자는 매우 역사적 기술 방식으로 그를 우리에게 소개합니다. 그가 '아밋대의 아들'이라고 말입니다.

"여호와의 말씀이 아밋대의 아들 요나에게 임하니라"

(욘 1:1)

어떤 인물을 소개하며 그 아버지나 조상을 소개함은 그가 역사적 존재임을 전달하려는 것입니다.

구약의 역사서 열왕기하 14장 25절을 함께 읽어 보겠습니다.

"이스라엘의 하나님 여호와께서 그의 종 가드헤벨 아 밋대의 아들 선지자 요나를 통하여 하신 말씀과 같이 여로보암이 이스라엘 영토를 회복하되 하맛 어귀에서 부터 아라바 바다까지 하였으니"        (왕하 14:25)

그가 분명하게 이스라엘 북동쪽 가드헤벨 출신 아버지 아밋 대의 아들임을 증거하고 있습니다. '아밋대'라는 말은 진리 혹 은 진실이란 뜻으로 아멘과 같은 의미를 지닙니다. 그러니까 요나는 진리의 아들, 아멘의 아들이란 뜻입니다. 그가 신앙적 배경에서 태어나 성장한 사람임을 짐작하게 합니다. 그리고 '요나'의 뜻은 비둘기입니다. 비둘기처럼 요나가 하나님의 메 신저로 살아 줄 것을 기대한 의미가 들어 있다고 추정할 수 있 습니다.

중요한 것은 이 모든 배경을 하나님이 알고 계셨다는 것입니다. 오늘 우리는 이름을 잃어버린 시대를 살고 있습니다. 이름은 있지만 내 이름이 무슨 의미를 갖고 있는지 중요하지 않고 더욱 내 부모가 내게 어떤 기대를 갖고 있는지도 중요하지 않은 시대를 살고 있습니다. 우리는 오늘날 주민등록번호처럼 어떤 숫자나 기호로 대체되는 시대를 살고 있습니다. 그러나 우리가 성경을 읽으면서 놀라는 것은 예수님이 사람들을 이름으로 부르고 계시다는 것입니다. 처음 만난 삭개오를 "삭개오야 속히 그 나무에서 내려오라" 부르실 때 그는 얼마나 충격을 받았을까요? 죽은 송장 나사로의 무덤을 향해 "나사로야, 나오너라"라고 하십니다. 그는 아직도 그를 이름으로 기억하시고 이름으로 부르십니다. 그리고 그는 무덤에서 걸어 나옵니다. 자신을 배신한 제자 베드로를 바닷가로 찾아오신 부활하신 예수님도 "요한의 아들 시몬아 네가 나를 사랑하느냐"라고 묻고 계십니다. 그런 주님이 오늘 여러분과 저의 이름을 모르실까요? 그는 나를 아시고 내 부모를 아시고 내가 어떤 배경에서 인생을 살아왔는지 아시며 내게 다가와 내 이름을 부르십니다. 그는 과거의 요나뿐 아니라, 오늘의 요~나를 아시는 전지하신 하나님이십니다.

## 2. 지구촌(니느웨)의 모든 것을 아시는 하나님이십니다.

"너는 일어나 저 큰 성읍 니느웨로 가서 그것을 향하여 외치라 그 악독이 내 앞에 상달되었음이니라 하시니라"

(욘 1:2)

한동안 신학자들과 역사학자들은 이런 도시의 존재를 의심했던 적이 있었습니다. 그러나 고고학자들은 1846년 영국 고고학자 헨리 레이어드(Henry Layard) 박사가 거대한 니느웨 시의 잔해를 발견했습니다. 발굴 작업 결과 거대한 궁전의 흔적과 앗수르의 이야기를 담고 있는 수천의 묘비가 발굴되었습니다. 오늘의 뉴스에 자주 등장하는 이락, 모술에서 가까운 곳입니다. 니느웨는 고대 앗시리아 왕국(BC705-612)의 수도였습니다. 발굴에 따르면 니느웨 시는 약 30m 높이의 성벽을 가지고 있었고 그 벽이 두꺼워 서너 대의 전차가 나란히 지나갈 정도였고 성벽에는 수백 개의 탑이 있었고 성벽 둘레에는 넓이 42m, 깊이 18m의 호수가 존재하고 있었습니다. 고고학이 성경의 위대한 증언을 밝혀 낸 것이고 요나서와 나훔(1장 1절, 니느웨에 대한 경고라)서의 역사성을 믿게 되었습니다.

그런데 오늘의 본문 2절은 "…그 악독이 내 앞에 상달되었음이니라"라고 기록합니다. 요나가 살던 당시의 제국 앗시리아의 수도에 넘치고 있었던 죄악을 하나님이 아신다는 것입니다. 그리고 네가 그 큰 도시로 가서 그들의 죄악을 경고하고 하나님의 심판의 메시지를 증거해야 한다는 것입니다. '일어나~ 가서~ 외치라'고 말씀하십니다. 아마 요나는 '나는 우리나라 이스라엘에서 진행되는 일도 잘 모르고 있는데 내가 왜 앗시리아 적국의 수도 니느웨에 관심을 가져야 하느냐'고 항의하고 싶었을 것입니다. 그러나 여기서 우리가 대하는 하나님은 이스라엘뿐 아니라 앗시리아에도 관심을 지니신 열방의 하나님, 역사의 주인 되신 큰 하나님이심을 알게 됩니다. 그리고 하나님의 백성들은 하나님의 말씀을 듣는 순간 하나님의 경영의 대상인 지구촌 전체에 관심을 가져야 할 '월드 크리스천(World Christian)'임을 자각하게 됩니다. 우리의 여름철 해외 단기 선교(아웃리치)는 이런 우리의 시선과 지평을 하나님의 지구촌 전체로 넓히는 기회가 되는 것입니다. "하나님이 세상(한국뿐 아니라)을 이처럼 사랑하사 독생자를 주신" 분이심을 가슴으로 아는 기회가 되는 것입니다. 하나님은 대한민국의 죄악을 아실 뿐 아니라, 일본의 죄악을 아시고, 미국의 죄악을 아시고, 중국의 죄악을 아시고, 러시아의 죄악을 아시고, 이스라엘의 죄악을 아시고 그 나라들을 향한 메신저를 선교사들을 부르고 준비하십니다. 그리고 요나에게 말씀하시던 하나님께서 오늘의 우리에게도 일어나 가서 외치라고 말씀하십니다.

# Ⅱ 요나서의 서론이 보여 주는 인간

3절에서 시작되는 요나의 반응에서 우리는 철저한 자기 착각 속에 빠진 타락한 인간의 실존을 대합니다. 그가 비록 믿음의 사람이어도 두 가지 착각이 있었습니다.

## 1. 하나님의 얼굴을 피할 수 있다는 착각입니다.

> "그러나 요나가 여호와의 얼굴을 피하려고 일어나 다시스로 도망하려 하여 욥바로 내려갔더니 마침 다시스로 가는 배를 만난지라 여호와의 얼굴을 피하여 그들과 함께 다시스로 가려고 배삯을 주고 배에 올랐더라"
>
> (욘 1:3)

여기 두 번씩 반복되는 중요한 증언이 무엇입니까? "여호와의 얼굴을 피하려고"입니다. 과연 인간이 창조자이신 여호와 하나님의 얼굴을 피하는 것이 가능할까요? 처음 사람 아담이 그런 착각을 하지 않았습니까? 범죄 한 아담이 제일 먼저 한 일이 무엇입니까?

"그들이 그 날 바람이 불 때 동산에 거니시는 여호와 하나님의 소리를 듣고 아담과 그의 아내가 여호와 하나님의 낯을 피하여 동산 나무 사이에 숨은지라"(창 3:8)

숨을 수 있다고 착각하고 숨었는데 얼굴만 동산 수풀에 파묻고 숨었지요. 엉덩이는 그대로 노출하고 머리만 감춘 것입니다. 그래서 하나님이 어떻게 말씀하십니까? "아담아(아다마, 일본어로 머리), 네가 어디 있느냐?"

시편 기자는 시편 139편 전체를 통해서 '피할 수 없으신 하나님'을 고백합니다.

"¹여호와여 주께서 나를 살펴보셨으므로 나를 아시나이다 ²주께서 내가 앉고 일어서심을 아시고 멀리서도 나의 생각을 밝히 아시오며 ³나의 모든 길과 내가 눕는 것을 살펴보셨으므로 나의 모든 행위를 익히 아시오니 ⁴여호와여 내 혀의 말을 알지 못하시는 것이 하나도 없으시니이다"                    (시 139:1-4)

이제 7절의 고백을 들어 보십시오.

"내가 주의 영을 떠나 어디로 가며 주의 앞에서 어디
로 피하리이까?"                                    (시 139:7)

피할 수 없는 하나님이시라면 피할 수 있다고 착각을 말아
야 합니다. 아무도 하나님의 얼굴을 피해 살 수가 없습니다.


## 2. 풍요의 세상이 정답이라는 착각입니다.

요나 선지자는 적국의 수도 니느웨로 가서 심판의 메시지를
증거해야 한다는 것이 너무나 두려웠을 것입니다. 그래서 결
국 어떻게 했습니까? "욥바로 내려갔더니"(3절) 욥바 항에서
다시스로 가는 배를 탔다는 것입니다. 니느웨와 정반대의 방
향이었습니다. 다시스는 어떤 곳이었을까요?

"다시스는 각종 보화가 풍부하므로 너와 거래하였음이
여 은과 철과 주석과 납을 네 물품과 바꾸어 갔도다"
                                             (겔 27:12)

성경학자들은 일반적으로 이 다시스를 과거 스페인의 한 무
역도시였을 것이라고 추정합니다. 여하간 다시스는 풍요의 세
상을 대표합니다. 니느웨도 큰 도시이긴 하지만 이스라엘인들

에게는 적국의 도시, 약탈과 잔인함으로 유명했던 그 도시로 발걸음을 옮길 수 없었던 것입니다. 그래서 서남쪽 따뜻한 항구로 가는 배에 승선한 것입니다. 그러나 과연 다시스행이 요나에게 이런 풍요와 안식을 제공했나요? 우선 얼마 안 가서 그는 바다에 던짐을 받게 되지 않습니까? 이때 뱃삯부터 생각이 났겠지요. 괜히 비싼 뱃값 내고 이 배를 탔다가 이 모양 이 꼴이 되었다고 생각했을지 모릅니다.

> "15이 세상이나 세상에 있는 것들을 사랑하지 말라…
> 16이는 세상에 있는 모든 것이 육신의 정욕과 안목의
> 정욕과 이생의 자랑이니 다 아버지께로 온 것이 아니
> 요 세상으로부터 온 것이라"          (요일 2:15-16)

설교의 화두에 「인디아나 존스와 최후의 성전」 이야기를 들려드렸습니다. 마침내 박사 일행이 성배들이 있는 곳에 도착했을 때 "지혜롭게 선택하라"라는 음성을 듣습니다. 도노반이 먼저 화려한 금빛 성배를 선택하여 물을 마십니다. 그러나 그는 그 물을 마시고 급격하게 노화되어 죽습니다. 그릇된 선택이었던 것입니다. 존스 박사는 이 성배가 목수의 잔인 것을 기억해 내고 가장 초라한 나무 잔을 선택합니다. 그것이 진짜 성배였습니다. 거기에 물을 담아 아버지의 상처에 물을 붓자 상처가 치료됩니다. 정답은 눈에 보이는 세상이 아니라 하나님

의 마음이 있는 곳입니다. 거기에 내 인생을 드리고 내 삶을 드려 살겠느냐는 것입니다. 하나님이 가라고 하는 그곳에 순종으로 가시겠습니까? 아니면 요나처럼 다시스로 가시겠습니까? 예수님도 공생애를 시작하며 선택의 기로에 서시게 되었습니다. 악마는 천하만국의 영광을 보여 주며 그를 경배하면 이 모든 것을 그에게 주겠다고 했습니다. 그러나 예수님의 선택은 십자가였습니다. 세속적 영광의 길 대신 십자가의 길을 선택하신 것입니다. 그것은 자신의 희생이었지만 그 선택의 결과가 인류의 구원, 여러분과 저의 구원이었습니다. 그렇다면 예수님의 제자 된 오늘, 우리의 선택은 무엇입니까? 번영의 다시스입니까? 소명의 니느웨, 십자가입니까?

# 2.

## 자는 자여, 어찌함이냐?

(요나 1:4-10)

⁴여호와께서 큰 바람을 바다 위에 내리시매 바다 가운데에 큰 폭풍이 일어나 배가 거의 깨지게 된지라 ⁵사공들이 두려워하여 각각 자기의 신을 부르고 또 배를 가볍게 하려고 그 가운데 물건들을 바다에 던지니라 그러나 요나는 배 밑층에 내려가서 누워 깊이 잠이 든지라 ⁶선장이 그에게 가서 이르되 자는 자여 어찌함이냐 일어나서 네 하나님께 구하라 혹시 하나님이 우리를 생각하사 망하지 아니하게 하시리라 하니라 ⁷그들이 서로 이르되, 자 우리가 제비를 뽑아 이 재앙이 누구로 말미암아 우리에게 임하였나 알아보자 하고 곧 제비를 뽑으니 제비가 요나에게 뽑힌지라 ⁸무리가 그에게 이르되 청하건대 이 재앙이 누구 때문에 우리에게 임하였는가 말하라 네 생업이 무엇이며 네가 어디서 왔으며 네 나라가 어디며 어느 민족에 속하였느냐 하니 ⁹그가 대답하되 나는 히브리 사람이요 바다와 육지를 지으신 하늘의 하나님 여호와를 경외하는 자로라 하고 ¹⁰자기가 여호와의 얼굴을 피함인 줄을 그들에게 말하였으므로 무리가 알고 심히 두려워하여 이르되 네가 어찌하여 그렇게 행하였느냐 하니라

열대야 현상이 지속되면서 잠 못 이루는 밤을 지나고 있습니다. 이런 때일수록 잠 한번 시원하게 자 보았으면 하는 열망을 갖게 됩니다. 그런데 여기 죄의식을 품고 도피 행각을 하면서도 깊은 잠을 자는 대담한 한 사람을 만나게 됩니다. 그가 바로 선지자 요나입니다. 본문 4절은 그가 하나님의 명을 거스르고 다시스행 배를 타고 떠난 바다에 큰 바람을 보내시고 큰 폭풍을 허용하셨고 배는 거의 깨지게 되었다고 말합니다.

> "사공들이 두려워하여 각각 자기의 신을 부르고 또 배를 가볍게 하려고 그 가운데 물건들을 바다에 던지니라"
>
> (욘 1:5)

그다음 증언을 주목해 보십시오.

> "…그러나 요나는 배 밑층에 내려가서 누워 깊이 잠이 든지라"
>
> (욘 1:5)

대담한 사람 아닙니까? 이런 상황, 이런 지경에서 이렇게 깊이 잠을 자다니요?

그런데 의학자들은 인간의 수면을 몸은 자고 있으나 뇌는 깨어 있는 상태의 렘수면(REM/Rapid Eye Movement

Sleep)과 그렇지 않은 비렘수면(non-Rem Sleep) 둘로 나누고 있는 것을 봅니다. 렘수면은 보통 사람의 수면시간의 20~25%를 차지한다고 말합니다. 그런데 우리가 잠을 청하고 나서 렘수면에 들어가 있을 때 보통 꿈을 꾼다고 합니다. 그렇다면 아마 요나는 배를 타고 잠을 청하면서 그의 꿈속에서 한참 죄의식과 더불어 싸우고 있는 중이었을 것입니다. 하나님의 명을 거스르고 떠나는 그의 마음인들 편했겠습니까? 그러니까 배를 타자마자 "에이, 다 잊어버리고 잠이나 자자!" 그런 상태가 아니었겠습니까? 그런데 6절에 보면 선장이 배가 요동하고 있는 중에도 그가 배 밑층에서 자는 것을 발견하고 그를 깨우며 말합니다. "자는 자여 어찌함이냐?"

여기 요나 선지자의 깨어남을 통해 오늘을 사는 그리스도인들이 배워야 할 레슨은 무엇입니까?

## 1. 잠든 자는 잠든 것을 모른다는 사실입니다.

여기 요나를 둘러싼 거대한 위기의 상황에서도 이런 위기를 인지하지 못한 채로 요나는 잠들어 있었습니다. 요나만 그럴까요? 이 시대의 한국 그리스도인들이 정녕 깨어 있는 자리에 있을까요? 한국 교회가 깨어 있다고 생각하십니까? 오늘 우리를 둘러싼 정치적, 역사적 상황에 대한 적지 않은 예언자들의 경고는 넘쳐 나고 있습니다. 그런데 우리는 이 모든 위기의 징조들을 외면하고 안이한 잠에 빠져 있는 것이 아닐까요? 남북 관계는 평화 속에 있다고 하지만 국민들은 왜 그런지 다른 어떤 때보다 더 큰 안보 불안을 느끼고 있지 않나요? 우리를 둘러싼 소위 강대국들, 즉 일본, 중국, 러시아의 행보는 오늘 우리에게 충분한 불안을 선물하고 있지 않나요? 옛날처럼 미국이 우리의 안보를 책임져 준다고 확신할 수 있나요? 그런데 여전히 이런 위기를 감지하지 못한 채 국민들은 하나 되어 미래를 준비하는 대신 해묵은 이념논쟁으로 서로 나누어져 다투며 에너지를 소모하고 있지 않습니까? 교회는 다른가요? 민족의 파수꾼이 되어 깨어 기도하고 선교해야 할 교회들이 시시한 일에 매달려 교인 상호간의 정죄와 공격으로 모든 에너지를 낭비하고 있지 않나요? 우리는 다시 선교와 섬김의 장으로 돌아가 올인 해야 할 때가 아닌가요?

기독교 사상사의 큰 별인 성 어거스틴도 깊은 잠에서 방황하던 때가 있었습니다. 청년기에 그는 육체의 쾌락에 빠져 있었고, 자신의 일상이 죄성의 일방적인 지배를 받고 있었다고 회고합니다. 그의 참회록에는 그가 배 도둑질을 하고 죄책감에 사로잡힌 일, 도둑질 이상으로 그런 죄를 짓기를 즐겨했던 죄의 습성이 고백됩니다. 그는 선과 악의 갈등을 고민하다가 마니교라는 이단종교에 빠지기도 했습니다. 그리고, 지나치게 연극 관람을 좋아하면서 자신 안에 있는 오락의 죄성을 고민하기도 하고, 수사학 교수로 명성을 얻으며 오히려 자기 내면에 존재하는 교만의 포로가 되어 있는 자신을 발견하고 괴로워합니다. 그러나 그가 밀라노의 감독 암브로시우스를 만나면서 그의 설교를 들으면서 성서가 가르치는 기독교의 구원의 진리를 갈망하기 시작합니다. 그러던 어느 날 주후 386년 8월 여름 어느 날 자기 집 정원 뜰 이웃집에서 한 아이의 음성으로 "집어서 읽어 봐(tolle lege/pick up and read)"라는 소리가 들려오자 곁에 있던 성서를 집어 펼쳐 들었습니다. 로마서 13장 11-14절의 말씀이 눈에 들어왔습니다.

> "[11]또한 너희가 이 시기를 알거니와 자다가 깰 때가 벌써 되었으니 이는 이제 우리의 구원이 처음 믿을 때보다 가까웠음이라 [12]밤이 깊고 낮이 가까웠으니 그러므로 우리가 어둠의 일을 벗고 빛의 갑옷을 입자 [13]낮에와 같이 단정히 행하고 방탕하거나 술 취하지 말며 음란하거나 호색하지 말며 다투거나 시기하지 말고 [14]오직 주 예수 그리스도로 옷 입고 정욕을 위하여 육신의 일을 도모하지 말라" (롬 13:11-14)

이 말씀으로 어거스틴은 긴 어둠의 잠에서 깨어납니다. 그때까지 그는 잠든 줄 모른 채 영적 잠에 빠져 있었던 것입니다. 오늘 우리는 어떤가요?


## 2. 하나님은 세상을 통해 우리를 깨우신다는 사실입니다.

> "선장이 그에게 가서 이르되 자는 자여 어찌 함이냐
> 일어나서 네 하나님께 구하라 혹시 하나님이 우리를
> 생각하사 망하지 아니하게 하시리라"       (욘 1:6)

누가 누구를 깨우고 있습니까? 선장이 선지자 요나를 깨우고 있습니다. 선장은 하나님을 믿는 자가 아니었습니다. 그 증거가 무엇입니까? 여기 요나를 향한 선장의 말이 "네 하나님께 구하라"라고 합니다. 5절에선 사공들이 각각 자기의 신을 부르고 있었다고 기록합니다. 하나님은 요나의 하나님이지 선장의 하나님, 사공들의 신은 아니었습니다. 그럼에도 무신론자혹은 다신론자인 선장이 하나님의 선지자 요나를 깨우고 있습니다. 얼마나 역설적인 사건입니까? 그런데 우리가 사는 세상에서 이런 역설은 실제로는 드물지 않다는 사실입니다. 오늘 우리는 교회를 비판하는 세상의 거센 음성을 접하고 있습니다. 이 비판의 핵심이 무엇인지 아십니까? "자는 자여, 어찌함이냐?"라는 말 아닙니까? 국가라는 배가 흔들리고 깨어지는

데 교회가 왜 잠만 자고 있느냐는 말 아닙니까? 교회라는 배가 흔들리고 깨어지는데 왜 성도들이 잠만 자고 있느냐는 말 아닙니까?

기독교인들의 신관이 때로는 아주 협소할 때가 많습니다. 하나님은 신자들을 통해서만 말씀하시고 사역하시는 하나님으로 이해할 때가 적지 않습니다. 그러나 그것은 분명하게 성경의 하나님은 아닙니다. 구약 사사기를 읽어 보면 이스라엘 백성들이 범죄하고 하나님을 거역할 때마다 하나님은 이방 민족을 들어 쓰셔서 이스라엘을 징계하시고 흔들어 깨우십니다. 미디안을 쓰시고 아말렉을 쓰시고 아모리, 암몬, 블레셋을 사용하십니다. 그런가 하면 바벨론 포로 되었던 자기 백성들을 해방하시고자 하나님은 페르시아의 고레스 왕을 사용하십니다. 이 땅의 어떤 나라도 제국도 하나님의 주권을 떠나 존재하지 않습니다. 앗수르(앗시리아), 바벨론, 페르시아, 헬라(그리스), 이집트, 로마제국 모두 하나님의 구원사를 이루기 위한 도구였습니다. 하나님은 당신의 뜻을 이루시고자 당신이 선택한 민족을 연단하시고자 제국들을 쓰시고 또한 버리십니다. 본문의 사건으로 돌아와 묵상해 보십시오. 요나를 통한 하나님의 뜻을 이루시고자 하나님은 도망가는 그의 배가 나아가는 바다에 큰 바람, 큰 폭풍을 동원하시고 이제 선장을 보내어 요나를 깨우십니다. 내 인생의 바다에 예측하기 어려운 폭풍과

바람이 일어나거든 그리고 믿지 않는 이웃들이 나를 조롱하고
비웃거든 하나님이 세상을 통해 나를 깨우고 계시지 않는가를
물어야 합니다.


## 3. 정직한 자기 직면이 깨어남의 시작이라는 사실입니다.

본문 7절에 보면 그들이 경험하는 일련의 재앙이 누구로 말
미암은 것을 알고자 제비를 뽑습니다. 그리고 그 제비가 요나
에게 뽑히자 요나는 이 모든 일의 배후에 하나님이 계신 것을
알아차립니다. 신자들의 경우 그들의 양심에 반하는 행위를
하는 중에도 "이러다가 내가 하나님에게 한 대 맞지" 이런 의
식이 있지 않습니까? 중요한 것은 늦게라도 요나는 회피하지
않는다는 것입니다. 그리고 자신의 정체성을 정직하게 고백합
니다. 이제 그의 도피는 끝난 것입니다.

> "그가 대답하되 나는 히브리 사람이요 바다와 육지를 지
> 으신 하늘의 하나님 여호와를 경외하는 자로라" (욘 1:9)

그리고 10절에서의 진솔한 고백을 들어 보십시오.

"자기가 여호와의 얼굴을 피함인 줄을 그들에게 말하
였으므로 무리가 알고 심히 두려워하여 이르되 네가
어찌하여 그렇게 행하였느냐 하니라"          (욘 1:10)

 이 정직한 자기 직면으로 요나의 도피 행각은 끝나고 순종
을 향한 회복의 역사가 시작됩니다.

 정직한 자기 직면은 언제나 하나님의 회복의 시작입니다. 그
리고 이 회복을 위해 하나님은 자기 백성들에게 이 일을 하고
계심이 하나님이심을 알리는 자신의 현존을 드러내십니다. 구
약 이사야 시대 웃시야 왕이 죽던 해 그가 하나님의 영광스럽
고 거룩한 임재를 경험하자마자 그의 고백을 기억하십니까?

"그때에 내가 말하되 화로다 나여 망하게 되었도다 나
는 입술이 부정한 사람이요 나는 입술이 부정한 백성
중에 거주하면서 만군의 여호와이신 왕을 뵈었음이로
다 하였더라"          (사 6:5)

 불완전한 우리 인생이 완전하신 하나님 앞에 선다는 것은
완벽한 거울 앞에 설 때 우리의 모든 흠과 티가 드러나는 것과
같습니다. 마치 교회당 스크린의 성능이 좋아지면서 설교자들
은 전에 없이 자기 얼굴에 신경을 쓰게 되었습니다. 얼굴의 작

은 점까지 다 드러내기 때문입니다. 신약에서 베드로가 주님의 진정한 정체를 알게 된 순간을 기억하십니까? 그분이 당신과 같은 갈릴리의 평범한 어부가 아닌 하나님의 아들이심을 깨닫던 순간 말입니다. 저 바다의 깊은 곳까지 꿰뚫어 보시며 고기들의 행방을 아시고 그 깊은 곳에 그물을 내리라고 지시하신 그분 앞에서 베드로는 신의 현존 앞에 서게 된 것입니다. 그때 고백한 말을 기억하십니까?

> "시몬 베드로가 이를 보고 예수의 무릎 아래에 엎드려 이르되 주여 나를 떠나소서 나는 죄인이로소이다"
>
> (눅 5:8)

그러나 이 정직한 자기 대면으로 엎드린 그에게 주님은 무서워 말고 나를 따르라고 네가 이후로 사람을 낚는 어부가 되리라고 말씀하시지 않습니까?

기독교 역사의 위대한 부흥은 모두 누군가의 이런 정직한 자기 직면과 연관되어 있습니다. 부흥은 깨어남이고 다시 살아남입니다. 한국 교회가 경험한 평양 부흥은 본래 1903년 영국 웨일즈 대부흥의 영향에 기인한 것이었습니다. 이 운동의 중심에 있었던 이반 로버츠와 세 명의 청년들의 모임에서 '성령님에게의 순종'을 모토로 성경 읽기와 기도, 찬양 그리고 은혜를 체험한 사람들의 고백과 간증 순서로 모임을 진행하면서 놀라운 은혜의 확산을 가져와 웨일즈 대부흥 운동을 촉발시킨 것입니다. 이 운동의 소식은 곧 인도와 한국의 선교사들에게 먼저 전달됩니다. 1903년 8월 24일부터 30일까지 원산에서 선교사들의 여름 기도 모임이 개최됩니다. 그때 강사가 남 감리회 의료 선교사 하디였습니다. 하디는 본래 토론토 의과대학 출신의 인재였습니다. 그는 이 기도회에서 말씀을 전하면서 자신의 배경에도 불구하고 한국 선교가 왜 열매를 맺지 못하고 실패했는가에 초점을 맞춘 자기 자신과의 정직한 대면을 간증했습니다. 그는 처음에는 한국 사람들은 예수 믿기 힘든 성정을 갖고 있다고 판단했지만 말씀을 준비하는 중에 그렇게 판단한 자신의 교만을 하나님이 지적해 주셨다고, 그리고 자기의 학력 우월주의, 백인 우월주의를 토로하며 눈물을 흘리면서 선교 실패의 원인은 한국인들이 아닌 죄인 된 자기 자신이었다고 고백하게 되자 모인 선교사들 중에 강력한 성령의 임재와 함께 통회의 역사가 일어났습니다.

하디 선교사는 거기서 끝나지 않고 그다음 주일 원산 감리교회 예배에서 설교 대신 자신의 죄를 공개적으로 자백하였고, 이런 원산에서 시작된 회개운동의 불길은 마침내 전국 교회로 확산되었고, 이 운동이 마침내 1907년 1월 평양 대부흥운동의 불씨가 된 것입니다. 의료 선교사 하디의 정직한 자기 대면이 한국 교회의 깨어남의 시작이 되었습니다. 요나의 자기 직면이 니느웨의 깨어남이 된 것처럼 말입니다. 지금 우리는 어둠 속에 자고 있습니까? 깨어나고 있습니까?

# 3.
## 큰 폭풍의 레슨
### (요나 1:11-17)

<sup>11</sup>바다가 점점 흉용한지라 무리가 그에게 이르되 우리가 너를 어떻게 하여야 바다가 우리를 위하여 잔잔하겠느냐 하니 <sup>12</sup>그가 대답하되 나를 들어 바다에 던지라 그리하면 바다가 너희를 위하여 잔잔하리라 너희가 이 큰 폭풍을 만난 것이 나 때문인 줄을 내가 아노라 하니라 <sup>13</sup>그러나 그 사람들이 힘써 노를 저어 배를 육지로 돌리고자 하다가 바다가 그들을 향하여 점점 더 흉용하므로 능히 못한지라 <sup>14</sup>무리가 여호와께 부르짖어 이르되 여호와여 구하고 구하오니 이 사람의 생명 때문에 우리를 멸망시키지 마옵소서 무죄한 피를 우리에게 돌리지 마옵소서 주 여호와께서는 주의 뜻대로 행하심이니이다 하고 <sup>15</sup>요나를 들어 바다에 던지매 바다가 뛰노는 것이 곧 그친지라 <sup>16</sup>그 사람들이 여호와를 크게 두려워하여 여호와께 제물을 드리고 서원을 하였더라 <sup>17</sup>여호와께서 이미 큰 물고기를 예비하사 요나를 삼키게 하셨으므로 요나가 밤낮 삼 일을 물고기 뱃속에 있으니라

어느 민족 어느 역사에나 크고 작은 폭풍은 있게 마련입니다. 그런데 우리 한국인의 역사에서 가장 큰 폭풍이 있었다면 국권을 송두리째 상실한 사건, 소위 한일 합병의 수치일 것입니다. 그래서 우리는 1910년 8월 29일 일본에게 국가의 통치권을 넘기는 한일 병합조약이 맺어지던 그날을 경술국치일이라고 부릅니다. 그 후 35년간 1910년부터 1945년까지 우리는 일제 강점기를 지나면서 우리 민족의 얼과 문화, 언어, 이름까지 빼앗기는 고통의 시간을 지나게 됩니다. 마치 선지자요나의 경험처럼 그가 탄 배가 깨어지는 위기를 직면하게 된 것입니다. 요나 1장 4절의 말씀을 상기해 봅시다. "여호와께서 큰 바람을 바다 위에 내리시매 바다 가운데에 큰 폭풍이 일어나 배가 거의 깨지게 된지라" 일제 강점기의 경험이 바로 그런 것이 아니었나 싶습니다. "배가 거의 깨어지게 된지라" 한 민족을 지탱하는 운명의 배가 거의 깨지게 된 것입니다. 그리고 일본의 식민지 통치가 절정에 달하면서 우리는 '내선일체'라는 명목으로 우리의 자주권을 송두리째 잃어버리고 노예화의 길을 걷고 있었습니다. 그것은 마치 본문이 시작되는 11절의 정황을 연상하게 합니다.

"바다가 점점 흉용한지라. 무리가 그에게 이르되 우리가 너를 어떻게 하여야 바다가 우리를 위하여 잔잔하겠느냐 하니"                    (욘 1:11)

해방 전 대한민국 임시정부는 매년 8월 29일이 되면 선언서를 발표하거나 기념식을 열었습니다. 국가의 치욕을 자랑스럽게 여겨서가 아니라 잘못된 역사를 반성하기 위해서였습니다. 동일한 수치를 되풀이하지 않기 위해서였습니다. 그런데 오늘 우리는 광복절을 기념하면서 국치일은 더 이상 기념하지 않습니다. 사실 해방의 진정한 기쁨을 간직하고 나라의 미래를 준비하기 위해서는 과거의 수치를 반복하지 않기 위한 치열한 반성이 더 필요할 터인데 말입니다. 이스라엘 민족이 해외에서 그들의 옛 땅을 방문하면, 그리고 중요한 민족의 절기마다 남녀노소 막론하고 그들이 여러 번이라도 싫증 내지 않고 가족들이 손잡고 지속적으로 방문하는 두 곳이 있습니다. 사해 남쪽의 맛사다(예루살렘을 점령한 로마에 대한 마지막 항전지)와 예루살렘에 위치한 '야드 바셈'입니다. '야드 바셈'은 '기념물과 이름'으로 학살당한 600만 유대인을 기억하기 위해 세운 추모 기념관입니다. 거기서 그들은 유대 민족이 과거에 겪은 비극을 반복하지 않고 미래의 민족을 지켜 나가기 위한 결단의 에너지를 얻습니다. "용서하되 잊지는 말자(Forgive but never Forget)"라고 그들은 말합니다.

오늘을 살아가는 우리도 민족 역사의 비극에서 가장 큰 폭풍인 국권 상실의 사건에서 배워야 할 레슨은 무엇입니까?

# 1. 역사의 어둠에 대한 책임을 인지해야 합니다.

처음에 하나님의 명을 거스르고 도피하던 요나의 제비가 뽑혔을 때 그는 더 이상 도피할 수 없다는 것을 알았습니다. 이제 그는 과거의 오류를 극복하기 위하여 책임을 지는 고백의 자리에 서게 됩니다.

> "그가 대답하되 나를 들어 바다에 던지라 그리하면 바
> 다가 너희를 위하여 잔잔하리라 너희가 이 큰 폭풍을
> 만난 것이 나 때문인 줄을 내가 아노라"        (욘 1:12)

도피하던 선지자가 성경에 그의 이름으로 책 한 권이 기록될 수 있었던 원인이 바로 이런 태도 때문입니다. 그는 늦게나마 책임지는 자리에 기꺼이 서고자 한 것입니다. 역사는 책임을 질 수 있는 사람에게만 새로운 역사를 맡깁니다.

이 땅의 역사를 연구하는 학자들은 해방 이후 우리가 겪은 혼란과 방황은 소위 일제 강점기를 제대로 반성하지 못하고 청산하지 못한 데서 원인을 찾습니다. 맞는 말입니다. 그러나 이런 친일 청산이 결코 몇 사람의 친일 지도자를 정죄하는 것만으로 끝나서는 안 된다고 생각합니다. 분명하게 책임져야 할 사람들은 책임을 지게 하지만 반성이라는 말로 원한을 정

당화하고 평화의 깃발 아래 미움을 재생산해서는 안 됩니다. 국권 상실의 궁극적인 책임은 결국 우리 국민 모두에게 있다고 보아야 합니다. 그렇다면 우리 모두가 하나의 요나가 되어 "내 탓입니다", "나 때문입니다"라는 국가적 회개 운동이 있었어야 할 것입니다. 그리고 우리 모두 회개의 바다에서 새 역사를 맞이해야 합니다.

> "요나를 들어 바다에 던지매 바다가 뛰노는 것이 곧 그친지라"
>
> (욘 1:15)

이 역사에 대한 가장 바람직하지 못한 미숙한 반응은 우리가 언제까지 이 땅에서 다시 친일파와 반일파로 나뉘어 정쟁을 통한 국력 소모를 하는 일입니다. 지금도 한창 우리는 아베의 대 한국 수출 제한 사태로 또 다른 반일 운동의 갈등의 마당을 지나가고 있습니다만 궁극적으로 우리 역사가 이런 수치를 반복하지 않으려면 반일이 아닌 극일의 정신으로 일본을 넘어서는 기술력을 발전시키고 문화를 발전시켜야 할 것입니다. 우리는 이미 그렇게 할 수 있다는 가능성을 맛보지 않았습니까? 우리 삼성이나 LG가 소니를 능가하는 시장의 판세를 우리는 경험하지 않았습니까? BTS 같은 아이돌의 문화가 이미 일본을 넘어서는 매력과 영향력을 보여 주지 않았습니까? 한국 기독교는 이미 일본 기독교에게 선교의 열정과 비전을 나누어 주고 있지 않습니까? 그렇다면 우리들 해방 1세대는 이제 과거의 어둠의 역사에 대한 책임을 인지하고 겸손히 민족의 화합과 다음 세대의 일어섬을 축복해야 한다고 믿습니다.


## 2. 여호와 하나님 경외가 회복되어야 합니다.

요나 사건의 가장 긍정적인 영향은 16절의 증언에 나타나 있습니다.

> "그 사람들이 여호와를 크게 두려워하여 여호와께 제
> 물을 드리고 서원을 하였더라"                    (욘 1:16)

그 사람들이 누구였습니까? 본래 5절에서 각각 자기의 신들의 이름을 부르던 우상숭배자들이었습니다. 그들이 그러나 늦게나마 책임지고 회개하는 모습을 보고 참되고 살아 계신 유일신 여호와 하나님을 경외하게 된 것입니다. 이미 14절에 그들은 자기의 우상 신들에게 기도하는 것이 아니라 요나의 하나님에게 기도를 하고 있는 모습을 보여 줍니다.

"무리가 여호와께 부르짖어 이르되 여호와여 구하고
구하오니 이 사람의 생명 때문에 우리를 멸망시키지
마옵소서 무죄한 피를 우리에게 돌리지 마옵소서 주
여호와께서는 주의 뜻대로 행하심이니이다" (욘 1:14)

이것이 바로 신앙의 전염성입니다. 과거 일제 강점기 시대
에 당시 교인들이 진지한 믿음의 삶을 사는 것을 보면서 수많
은 애국지사들이 교회로 모였습니다. 그리고 적어도 당시 일
제 강점기에 교회는 민족의 존경과 신뢰의 대상이었습니다.

최근에 저는 제 생애 첫 번째 목회지인 화성군 장안면 독정
리 독정(장안) 감리교회를 다녀왔습니다. 제가 군대 가기 전 1
년 반 정도 전도사로 봉사한 교회였습니다. 작년에 그 지역 교
회들의 연합 집회를 인도하기도 했습니다. 제가 섬길 때 50
여 명 남짓한 교회였지만 최근에 시골교회로 믿기지 않을 만
큼 예쁜 교회당을 건립하고 저를 초청한 것입니다. 저희 교회
에서도 조금 헌금은 했습니다만 아무리 생각해도 그런 건물을
그런 시골에서 짓는 것이 신기해서 어떻게 이런 역사가 가능
했느냐고 물었더니 그 교회의 산증인(제가 있을 때 있었던 교
인은 6명 출석)인 최원담 장로님이 간증하시기를 "목사님, 저
희도 놀랐는데요. 교회 건물 새로 짓는다 했더니 불교신자도
헌금하고요. 무당까지도 했어요"라고 하셨습니다. 그런 일이

어떻게 가능했는지 다시 물었습니다. "우리 마을이 최씨 집성촌인데 평소 저희 교회가 마을을 잘 섬기려고 노력을 꾸준히 한 결과일지 모릅니다." 결국 해답은 교회가 세상의 빛으로 소금으로 존재할 때에 사람들은 진정한 삶의 주인이신 여호와를 경외하게 될 것입니다. 요나 사건이 가르치는 중요한 레슨, 무엇입니까? 그리스도인의 빛과 소금 된 삶으로 여호와 하나님 경외가 이 땅에서 회복되어야 할 줄 믿습니다.

## 3. 새 시대의 모태가 준비되어야 합니다.

오늘 본문은 요나가 바다에 던짐 받은 것으로 끝나지 않습니다. 요나의 책임지는 회개를 보신 하나님의 드라마가 새롭게 시작됩니다.

> "여호와께서 이미 큰 물고기를 예비하사 요나를 삼키게 하셨으므로 요나가 밤낮 삼 일을 물고기 뱃속에 있으니라"
>
> (욘 1:17)

그것이 어떻게 가능하냐고 묻지 마십시오. 전능하신 하나님이 하고자 하신다면 불가능한 일이 어디에 있겠습니까? 누가 저에게 물고기가 사람을 삼키고 살았다는 이야기를 정말 실화로 믿느냐고 물은 이가 있었습니다. 제 대답은 성경에 물고기가 요나를 삼킨 것이 아니라, 요나가 큰 물고기를 삼키고 그 물고기가 요나의 뱃속에서 사흘을 살았다고 해도 저는 믿을 것이라고 했습니다. 문제는 하나님의 전능성을 믿느냐는 것입니다. 마태복음 16장에 보면 바리새인들과 사두개인들이 예수님에게 그가 메시아라는 표적을 보여 줄 수 있느냐고 할 때 마태복음 16장 4절의 말씀을 기억하십니까?

> "악하고 음란한 세대가 표적을 구하나 요나의 표적 밖
> 에는 보여 줄 표적이 없느니라 하시고 그들을 떠나 가
> 시니라"                                    (마 16:4)

사실 요나의 물고기 뱃속에서 3일 만에 살아 나온 사건은 예수님의 부활의 표적을 상징하게 됩니다. 예수님의 부활로 새 시대가 열린 것처럼 요나의 물고기 뱃속의 사흘은 새 시대를 준비하는 모태였던 것입니다.

어떤 의미에서 우리 민족의 일제 강점기 기간은 새 시대를 준비하기 위한 고난의 스올 같은 시간이었습니다. 저는 일제 강점기에 주께서 우리 민족에게 주신 선물이 바로 예수 그리스도의 교회였다고 믿습니다. 이 땅에 정식 선교사들인 아펜젤러, 언더우드가 도착한 해가 1885년이었습니다. 그리고

1910년 복음이 이 땅에 전해지고 25년 만에 우리는 국권을 상실한 나라 없는 민족이 된 것입니다. 그러나 복음을 수용한 우리 민족에게 우리는 '하나님의 나라'란 새로운 비전을 얻고, 그 나라와 그의 의를 구하는 민족이 될 수 있었고, 복음과 함께 전해진 기독교 문화는 우리에게 우리가 추구할 새로운 문화의 비전이 되었습니다. 광혜원/제중원으로 시작된 최초의 기독교 병원 세브란스 그리고 배재학당, 이화여고 등으로 시작된 신학문의 터전인 기독교 학교, 거기에서 처음으로 익힌 찬송가로 익힌 서양음악의 수용, 성경 번역과 함께 보급된 한글 교육, 1895년 최초로 번역된 서양 소설 『천로역정』으로 우리는 하나님 나라의 꿈을 꾸는 높은 문화 비전을 소유하게 된 것입니다.

일찍 김구 선생은 젊은 날 동학과 불교를 거쳐 최종적으로 1902년을 전후하여 그의 나이 27세에 기독교 신앙에 귀의한 그리스도인이었습니다. 1945년 광복으로 귀국한 후 그는 매일 새벽 6시 자신의 사저 경교장으로 찾아온 남대문 교회 김치선 목사와 함께 새벽 예배를 드렸고 주일은 남대문 교회에서 예배를 드리곤 했습니다. 심지어 그는 1948년 김일성과 통일 논의를 위해 평양을 방문할 때에도 주일이면 예배를 거르지 않았다고 합니다. 그는 사랑의 원자탄 손양원 목사와도 깊은 교제를 나누었는데 나중에 그가 자신의 아들을 죽인 공산당 청년을 양자로 삼는 모습을 보고 「손양원 목사는 공산당을 이긴 목자」라는 글을 기고하였습니다. 그는 유명한 『백범일지』를 통해 「나의 소원」이란 글의 제하에 미래 조국의 문화강국론을 제시했는데 이는 성경이 가르치는 하나님 나라 비전의 영향으로 평가되기도 합니다. "나는 우리나라가 세계에서 가장 아름다운 나라가 되기를 원한다. 가장 부강한 나라가 되기를 원하는 것은 아니다. 우리의 부력은 우리의 생활을 풍족히 할 만하고 우리의 강력은 남의 침략을 막을 만하면 족하다. 오직 한없이 가지고 싶은 것은 높은 문화의 힘이다. 문화의 힘은 자신을 행복하게 하고 나아가서 남에게 행복을 주기 때문이다." 우리는 김구 선생의 소원처럼 남의 침략을 막을 만한 안보에 철저하면서 강대국들이 실현하지 못한 더 아름답고 더 건강한 나눔의 문화강국을 꿈꾸며 미래로 나아가야 합니다. 이 땅의 젊은이들의 창의력을 북돋아 주고 그들의 세계 비전을 축복해야 합니다. 한국 교회는 성경이 강조한 하나님 나라의 문화 모델을 제시하고 자유와 평화, 정의와 기쁨이 가득한 미래로 이 나라가 나아가도록 크리스천 리더십을 길러 내야 합니다. 그것만이 새 시대 미래 한국의 모태를 준비하는 길이라고 믿습니다. 그것이 우리 민족으로 일제 강점기 어둠의 역사(물고기 뱃속)를 통과하게 하시며 주의 나라의 비전을 꿈꾸게 하신 이유임을 믿어야 합니다.

# 4.
## 스올의 뱃속에서 배운 것들
### (요나 2:1-10)

¹요나가 물고기 뱃속에서 그의 하나님 여호와께 기도하여 ²이르되 내가 받는 고난으로 말미암아 여호와께 불러 아뢰었더니 주께서 내게 대답하셨고 내가 스올의 뱃속에서 부르짖었더니 주께서 내 음성을 들으셨나이다 ³주께서 나를 깊음 속 바다 가운데에 던지셨으므로 큰물이 나를 둘렀고 주의 파도와 큰 물결이 다 내 위에 넘쳤나이다 ⁴내가 말하기를 내가 주의 목전에서 쫓겨났을지라도 다시 주의 성전을 바라보겠다 하였나이다 ⁵물이 나를 영혼까지 둘렀사오며 깊음이 나를 에워싸고 바다풀이 내 머리를 감쌌나이다 ⁶내가 산의 뿌리까지 내려갔사오며 땅이 그 빗장으로 나를 오래도록 막았사오나 나의 하나님 여호와여 주께서 내 생명을 구덩이에서 건지셨나이다 ⁷내 영혼이 내 속에서 피곤할 때에 내가 여호와를 생각하였더니 내 기도가 주께 이르렀사오며 주의 성전에 미쳤나이다 ⁸거짓되고 헛된 것을 숭상하는 모든 자는 자기에게 베푸신 은혜를 버렸사오나 ⁹나는 감사하는 목소리로 주께 제사를 드리며 나의 서원을 주께 갚겠나이다

구원은 여호와께 속하였나이다 하니라 ¹⁰여호와께서 그 물고기에게 말씀하시매 요나를 육지에 토하니라

오늘은 공식적으로 지구촌 가족들의 여름 단기 선교를 마무리하는 주일입니다. 무더위 속에서 수고한 모든 지체들에게 교회 가족들을 대표하여 감사와 사랑의 격려를 드립니다. 국내외 다양한 선교지에서 다양한 선교 사역들을 땀 흘리며 몸으로 경험한 시간들이 되었을 것입니다. 특히 처음으로 단기 선교를 경험한 분들에게 이 여름은 잊을 수 없는 영적 훈련의 기회가 되었으리라고 믿습니다. 난생처음으로 지금까지 안 해본 고생과 고난을 몸소 체험하는 기회도 되었을 것입니다. 그것은 마치 요나가 물고기 뱃속에 들어가 경험한 사흘의 시간과도 같았을지 모릅니다. 본문 2절에서 요나는 "내가 스올의 뱃속에 있었다"라고 말합니다. 여기 '스올'은 무덤 혹은 음부, 곧 '죽음 같은 시간을 지났다'는 말입니다. 그리고 요나서를 공부하면서 주목할 만한 또 하나의 중요한 단어 하나를 만나게 되는데 그것이 '예비하사(manah/prepare)'라는 단어입니다. 요나서 2장을 예고하는 요나서 1장 마지막 구절 17절을 읽겠습니다. "여호와께서 이미 큰 물고기를 〈예비하사〉 요나를 삼키게 하셨으므로 요나가 밤낮 삼 일을 물고기 뱃속에 있으니라" 여기 '예비하사' 혹은 '준비하사'라는 단어가 등장합니다.

요나의 새 인생을 위해 하나님이 큰 물고기를 예비 혹은 준비하신 것입니다.

저는 어제나 오늘이나 동일하신 하나님이 우리의 새로운 인생을 위해 물고기 대신 고난의 여름철 선교지를 준비하신 것이라고 믿습니다. 우리가 '선교'라는 이름으로 이 여름의 며칠을 주께 드렸습니다만 사실 그 기간 동안 우리가 장기 선교사와 같은 그런 섬김으로 인생을 드린 것은 아님을 우리는 잘 알고 있습니다. 그렇다면 우리를 통해 어떤 위대한 선교의 결실을 맺은 것보다 더 소중하고 더 유익한 단기 선교의 체험은 아마 이 고생스러운 기회를 통해 우리가 영적으로 조금은 더 훈련되고 조금은 더 성숙할 수 있었다는 것이 아닐까요? 그렇다면 지나간 여름을 돌아보며 주께서 예비하신 물고기 뱃속, 스올의 마당의 몇 날의 고난, 몇 날의 훈련에서 우리가 배웠어야할 교훈은 무엇이었을까요?

## 1. '부르짖는 기도'입니다.

> "요나가 물고기 뱃속에서 그의 하나님 여호와께 기도
> 하여"                                    (욘 2:1)

그가 물고기 뱃속에 들어가자마자 기도를 시작합니다. 그가 니느웨로 가라는 명을 불순종하고 다시스로 가는 배를 탈 때만 해도 그에게 기도는 없었습니다. 그는 배 밑층에 내려가 잠들어 있었습니다. 그러나 그가 탄 배의 풍랑과 폭풍이 자기의 불순종임을 깨닫고 자진해서 바다에 던지워 물고기 뱃속에 들어가는 순간 잊고 있었던 기도가 깨어납니다. 그가 자신의 양심을 마비시키고 잠들어 있는 동안 기도도 잠들어 있었던 것입니다. 그런데 그의 회개와 함께 그의 영혼이 살아나자 기도가 깨어나고 기도가 살아나기 시작한 것입니다. 그것도 그냥 기도가 아니라 부르짖는 기도였습니다. 본문 2절의 말씀을 함께 읽습니다. "이르되 내가 받는 고난으로 말미암아 여호와께 불러 아뢰었더니 주께서 내게 대답하셨고 내가 스올의 뱃속에서 부르짖었더니 주께서 내 음성을 들으셨나이다" 그렇습니다. 그가 물고기 뱃속의 스올, 곧 죽음 같은 고난을 경험하며 그는 부르짖어 기도하기 시작한 것입니다. 시편 50편 15절의 말씀을 기억하십니까?

> "환난 날에 나를 부르라 내가 너를 건지리니 네가 나를 영화롭게 하리로다" (시 50:15)

누구나 환난의 날을 맞이하면 하나님을 부르고 그의 도움을 구합니다. 그냥 부르는 것이 아니라 부르짖어 기도하게 됩니다. 그리고 이런 부르짖음의 기도에는 특별한 주의 약속이 있습니다.

> "너는 내게 부르짖으라 내가 네게 응답하겠고 네가 알
> 지 못하는 크고 은밀한 일을 네게 보이리라" (렘 33:3)

한국 교회 특유의 부르짖음의 통성기도는 흔히 나라가 기울어 가던 시절의 평양 대부흥 운동에서 그 유래를 찾기도 합니다. 나라가 망해 가는 안타까움을 바라보고 회개의 기도를 하던 중 거대한 집단적 통곡의 기도가 쏟아져 나왔다고 합니다. 이것이 통성기도의 유래가 된 것입니다. 이제 이 통성기도는 꽤 외국에도 많이 알려지게 되었습니다. 여러 해 전 미국 시카고 얼바나 샴페인에서 매 3년마다 열리는 젊은이들의 얼바나 세계 선교대회에서 제가 '통성기도 강의'를 부탁받은 적이 있습니다. '한국 교회 통성기도'를 영어로 어떻게 표기했을까요? 'Tong-Sung Prayer of Korean Church'입니다. 외국인들이 제일 이해 못 하는 것이 여러 사람이 함께 소리 지르는데 기도가 어떻게 가능한가? 입니다. 제 설명은 우리가 진정으로 함께 마음을 다 쏟고 다 함께 소리 내어 기도하면 한순간 옆의 사람들의 소리가 들리지 않고 우리는 각자의 기도에 열중하게 된다고 말했습니다. 알쏭달쏭하던 그들의 표정이 잊혀지지 않습니다.

이번에 단기 선교에 참여하며 아마 평소에 못 하던 기도를 많이 하셨을 것입니다. 그리고 팀원들이 함께 모여 통성기도도 하셨을 것입니다. 여러 가지 선교의 장애물을 극복하기 위해 안타까운 마음으로 기도하면서 하나님의 특별한 도우심과 응답을 경험하셨을 것입니다. 중요한 것은 이제 이런 우리에게 시작된 기도의 불이 선교 후 우리의 일상의 마당에도 계속되게 하는 일입니다. 사실 우리의 일상의 현실에도 얼마나 안타까운 기도의 제목들이 쌓여 있지 않습니까? 우리 가정, 우리 자녀들을 위한 기도 제목들, 우리 교회의 새로운 시작을 위한 기도의 제목들, 지금 강대국의 틈새에서 요동치고 있는 우리 조국을 위한 기도의 제목들. 지금이야말로 부르짖어 기도할 때가 아닙니까?

## 2. '다시 주를 바라보고 삶'입니다.

요나서 1장 서두에 우리는 요나가 니느웨로 가는 명을 받고도 도피하는 모습을 보았습니다. 그런데 2장 4절에서 요나는 물고기 뱃속에서 이렇게 고백합니다.

> "내가 말하기를 내가 주의 목전에서 쫓겨났을지라도
> 다시 주의 성전을 바라보겠다 하였나이다"　　(욘 2:4)

주님을 피하여 도피하던 그가 다시 주를 바라보고 주께로 오고 있는 모습입니다. 영어로 running from God(하나님으로부터 도망 나감) 하던 요나가 running toward God(하나님을 향하여 달려옴) 하고 있는 것입니다. 이 중요한 방향 전환이 물고기 뱃속에서 일어난 것입니다. 이것이 바로 회개의 참 의미입니다. 회개는 희랍어로 metanoia인데 '방향을 바꾼다'는 것입니다. 진정한 회개는 '다시 주를 바라보고 삶'인 것입니다. 탕자가 일어나 다시 아버지 집으로 돌아옵니다. 다시 아들 노릇을 합니다. 다시 아버지 생각을 합니다.

> "내 영혼이 내 속에서 피곤할 때에 내가 여호와를 생각하였더니 내 기도가 주께 이르렀사오며 주의 성전에 미쳤나이다" (욘 2:7)

그의 영혼이 곤고했던 영혼의 어두운 밤에 그는 다시 여호와, 하늘 아버지를 생각한 것입니다. 마치 탕자가 배를 굶주리며 쥐엄 열매로 주린 창자를 채워야 했던 때에 그는 이렇게 고백합니다.

> "이에 스스로 돌이켜 이르되 내 아버지에게는 양식이 풍족한 품꾼이 얼마나 많은가 나는 여기서 주려 죽는구나" (눅 15:17)

이 아버지 생각과 함께 회개가 이루어진 것입니다.

아마 금년 여름 여러 악조건 속에 단기 선교를 진행한 성도들일수록 더 하나님을 생각하고 하나님의 도움을 구하는 기도를 하셨을 것입니다. 선교의 장이 우리에게 다시 하나님을 바라보게 하는 스올의 뱃속이 된 것입니다. 수년 전 베스트셀러가 된 신준모의 『용기를 부르는 주문: 다시』라는 책이 있습니다. '다시'가 용기를 부르는 주문과 같은 말이라는 것입니다. 매우 사소한 한마디, 나를 일으키는 단 한마디 '다시'라는 것입니다. 살아온 날보다 살아갈 날들이 많기에 무엇이든 다시 시작할 수 있습니다. 다시 꿈꾸고 다시 일어나 다시 시작하십시오. 다시 기도하십시오. 다시 사랑하십시오. 다시 용서하십시오. 다시 축복하십시오. 다시 도전하십시오. 무엇보다 다시 주를 향해 달려오십시오. 다시 주를 바라보고 사십시오.


## 3. '감사하며 서원을 이행하는 삶의 결단'입니다.

요나는 물고기 스올의 뱃속에서 마지막으로 감사의 기도를 드립니다.

"나는 감사하는 목소리로 주께 제사를 드리며 나의 서
원을 주께 갚겠나이다 구원은 여호와께 속하였나이다"

(욘 2:9)

물고기 스올의 뱃속이 요나에게 감사를 가르친 것입니다. 일
상의 삶의 마당에서 배우지 못한 감사를 물고기 뱃속 어두운
밤에 배우게 된 것입니다. 아마도 여러분은 윤세영 수필가가
쓴 「일상의 기적」이란 글을 접하셨을 것입니다. 한 번 더 들어
보십시오. 이런 내용입니다.

"덜컥 탈이 났다. 유쾌하게 저녁 식사를 마치고 귀가했는
데 갑자기 허리가 뻐근했다. 자고 일어나면 낫겠거니 대수롭
지 않게 여겼는데. 웬걸, 아침에는 침대에서 일어나기조차 힘
들었다. 그러자 하룻밤 사이에 사소한 일들이 굉장한 일로 바
뀌어 버렸다. 세면대에서 허리를 굽혀 세수하기, 바닥에 떨어
진 물건을 줍거나 양말을 신는 일, 기침을 하는 일, 앉았다가
일어나는 일이 내게는 더 이상 쉬운 일이 아니었다. 별수 없이
병원에 다녀와서 하루를 빈둥거리며 보냈다. 비로소 몸의 소
리가 들려왔다. 실은 그동안 목도 결리고 손목도 아프고, 어깨
도 힘들었노라, 눈도 피곤했노라, 몸 구석구석에서 불평을 해
댔다. 아침에 일어나는 일이 감사한 일임을 이번에 또 배웠다.
그럼 오늘도 일상에 감사하며 살자! 지금 감사를 느끼며 살고

계시는지? 우리들이 입으로는 감사를 외치지만 진정으로 느끼는 사람은 적은 것 같다. 오늘도 지금도 숨 쉴 때마다 감사의 기도를 드려야 하겠다."

단기 선교를 통해 우리가 배웠어야 할 가장 중요한 레슨이 바로 이 감사의 기도가 아니겠습니까? 지구촌 비전 8월 호에서 「회갑 여행으로 간 블레싱 부여」란 글을 감명 깊게 읽었습니다. 몇 년째 목자로 섬기면서 국내 전도도 참여하지 못해 마음이 불편했던 집사님은 해외 선교는 아니더라도 회갑 여행 대신에 국내 전도를 가기로 마음먹었다고 말합니다. 처음이라 망설임과 두려움도 있었고, 가서 무슨 사역을 해야 하는지 혹 같이 간 팀원들에게 불편을 주는 것은 아닌지 고민했지만 사역은 하나님이 하신다는 말씀을 믿고 참여하셨다고 고백합니다. 햇빛에 검게 탄 그을린 피부와 주름에 파운데이션을 발라 드리고 가루분을 토닥이고 눈썹을 다듬어 아치형으로 그려 드리고 볼 터치를 해 드리고 그러자 시골 어르신들이 젊은 날 새색시의 모습으로 돌아가는 모습을 보고 화장이 너무 맘에 들어 세수 안 하고 잘 거라는 어르신들의 말을 마음 깊이 새기며 이들을 섬기면서 이 시간은 오히려 나 자신이 하나님의 은혜를 깊이 경험하는 소중한 시간이었다고 고백합니다. 감사의 삶이 얼마나 소중한지를 현장에서 배운 귀한 자리였다고 말합니다. 아마도 이런 고백은 여름철 선교의 마당에 동참하며 구슬땀을 흘린 우리 모두의 고백이라고 믿습니다. 우리 모두는 요나처럼 스올의 뱃속에서 비로소 감사를 배운 것입니다.

그러나 요나는 감사만으로 끝나지 않았습니다. 9절에 "나는 감사하는 목소리로 제사를 드리며 나의 서원을 주께 갚겠나이다"라고 말합니다. 감사와 함께 난 앞으로 주님을 이렇게 섬기겠다는 결심을 드린 것입니다. 선교의 마당에서 돌아올 때 내 마음속에 있었던 그 결심을 내 남은 생애 이행하며 살아야 하겠다는 것입니다. 이 결단을 드리자 10절에 보면 여호와께서는 물고기가 요나를 토하여 육지로 돌려보내십니다. 그가 배울 교훈을 다 배웠기 때문입니다. 한 성경학자는 그 순간이 요나의 '물고기 신학교' 졸업식이라고 말합니다. 우리에겐 여름 단기 선교대학 졸업식입니다. 스올의 뱃속에서 배운 교훈, 결코 잊지 않고 사는 우리 모두이기를 축복합니다!

# 5.
# 세컨드 찬스
## (요나 3:1-6)

¹여호와의 말씀이 두 번째로 요나에게 임하니라 이르시되 ²일어나 저 큰 성읍 니느웨로 가서 내가 네게 명한 바를 그들에게 선포하라 하신지라 ³요나가 여호와의 말씀대로 일어나서 니느웨로 가니라 니느웨는 사흘 동안 걸을 만큼 하나님 앞에 큰 성읍이더라 ⁴요나가 그 성읍에 들어가서 하루 동안 다니며 외쳐 이르되 사십 일이 지나면 니느웨가 무너지리라 하였더니 ⁵니느웨 사람들이 하나님을 믿고 금식을 선포하고 높고 낮은 자를 막론하고 굵은 베 옷을 입은지라 ⁶그 일이 니느웨 왕에게 들리매 왕이 보좌에서 일어나 왕복을 벗고 굵은 베 옷을 입고 재 위에 앉으니라

인간 생존의 두 요소가 있다면 '생명과 사명'입니다. 생명(生命)이란 한문으로 '삶이 곧 명령'이란 뜻입니다. 우리는 일정한 시간을 이 땅에서 살아가도록 명령받은 존재입니다. 그리고

이런 인생은 반복될 수 없는 오직 한 번의 기회여서 더욱 진지하고 엄숙하게 살아야 할 소중한 시간입니다. 그런데 이런 생명의 기회를 진지하게 만드는 것은 사명입니다. 생명과 함께 또 하나의 중요한 인생 화두가 사명입니다. 사명(使命)이란 한문으로 '시키시는 명령'입니다. 우리의 삶의 시간 안에서 우리가 수행해야 할 하늘이 시키시는 명령을 알고 그 명을 이루고 사느냐가 우리의 삶의 의미요 과업인 것입니다. 만일 우리에게 사명이 없다면 이 땅에서 생명을 지속할 아무런 의미가 없습니다. 사도행전 20장 24절에서의 바울 사도의 고백을 상기해 보십시다. "내가 달려갈 길과 주 예수께 받은 사명 곧 하나님의 은혜의 복음을 증언하는 일을 마치려 함에는 나의 생명조차 조금도 귀한 것으로 여기지 아니하노라"

사명이 생명보다 더 중요하다는 말입니다. 사명이 있어 생명은 빛난다는 말입니다.

그런데 만일 우리의 인생의 마지막 순간에 지금까지 인생을 살아온 만큼의 시간이 다시 주어진다면 우리 인생은 얼마나 달라질까요? 이따금 죽음의 질병에서 놓임 받고 극적으로 회생하신 분들이 지금부터 나의 삶은 '보너스' 혹은 '덤'이라고 고백하는 것을 우리는 듣게 됩니다. 그런데 이런 케이스들은 다 극적인 어떤 사건을 전제로 한 것이지만 정말 인생에서 세컨드 찬스라는 것이 존재할까요? 적어도 성경을 읽어 보면 하나님은 당신의 백성들에게 이런 두 번째 기회를 주시기를 기뻐하신다는 것을 알게 됩니다. 구약의 대표적인 하나님의 사람 다윗에게 가슴 아픈 어두운 밤의 추락이 있었습니다. 그러나 하나님이 그것 때문에 다윗을 버리셨나요? 다윗에게서 '하나님의 마음에 합한 사람'이라는 명예를 박탈하셨나요? 아닙니다. 시편 51편은 다윗의 참회의 시편입니다. 그는 여기 시편 51편 11절에서 "나를 주 앞에서 쫓아내지 마시며 주의 성령을 내게서 거두지 마소서"라고 기도합니다. 그리고 그는 다시 일어나 빛나는 마지막 삶의 그림을 완성합니다. 신약의 대표적인 주의 제자 베드로에게도 이런 어두운 밤의 추락이 있었습니다. 그는 세 번씩이나 주를 부인하고 배신했습니다. 그러나 새벽닭이 울기 전 그는 재기하여 초대 교회의 기초를 놓는 위대한 일에 쓰임을 받지 않습니까? 그들은 모두 재기하며 사명을 다시 붙들었습니다. 그러므로 성경의 하나님은 두 번째 기회, 세컨드 찬스를 주시는 하나님이십니다. 그런 하나님이 오늘의 본문에서 요나에게 어떻게 세컨드 찬스를 주시는가를 주목하고자 합니다.

요나를 통해 요~나에게 세컨드 찬스는 어떻게 주어지는가를 성찰하고자 합니다.

## 1. 두 번째 반복되는 말씀을 경청하십시오.

> "여호와의 말씀이 두 번째로 요나에게 임하니라 이르
> 시되"
>
> (욘 3:1)

여기 두 번째로 임하는 말씀이라 했습니다. 세컨드 찬스를 주시는 하나님이십니다. 2절 말씀을 보십시오. "일어나 저 큰 성읍 니느웨로 가서 내가 네게 명한 바를 그들에게 선포하라 하신지라" 이 말씀이 두 번째 임한 말씀이란 것입니다. 첫 번째 주신 말씀과 비교해 보실까요?

> "너는 일어나 저 큰 성읍 니느웨로 가서 그것을 향하
> 여 외치라 그 악독이 내 앞에 상달되었음이니라 하시니라"
>
> (욘 1:2)

여기 강조된 중요한 단어-동사들이 무엇입니까? '일어나-가 서-외치라'는 것입니다. 그런데 여기 동일한 강조가 3장 2절에서 반복되지 않습니까? '일어나-가서-선포하라' 원어에는 동일하게 '선포하라(qara, 카라)'는 단어로 되어 있습니다. 여기 여호와 하나님이 당신의 뜻을 선지자 요나를 통해 관철하시고자 동일한 말씀을 두 번째 반복하고 계심을 알 수 있습니다.

그러므로 우리는 성경 도처에서 두 번씩 반복하는 하나님을 만나게 됩니다. 그는 우리의 이름을 부를 때도 두 번씩 반복하여 부르십니다. "사무엘아 사무엘아" 사무엘상 3장 10절을 보십시오. "여호와께서 임하여 서서 전과 같이 사무엘아 사무엘아 부르시는지라 사무엘이 이르되 말씀하옵소서 주의 종이 듣겠나이다" 시몬 베드로의 타락을 경계하실 때의 말씀을 기억하십니까?

> "시몬아 시몬아 보라 사탄이 너희를 밀 까부르듯 하려
> 고 요구하였으나"                          (눅 22:31)

사도 바울을 부르실 때를 기억하십니까?

> "땅에 엎드러져 들으매 소리가 있어 이르시되 사울아
> 사울아 네가 어찌하여 나를 박해 하느냐"       (행 9:4)

동일하신 주님이 여러분과 저의 이름을 두 번씩 부르며 다가와 어떤 메시지를 반복하신다면 그것은 우리에게 주시는 세컨드 찬스임을 기억해야 합니다. 그 음성을 그 반복의 메시지를 소홀히 흘리지 마십시오. 욥기 33장 14절의 말씀을 기억하십시다. "하나님은 한번 말씀하시고 다시 말씀하시되 사람은 관심이 없도다" 여러분은 어떠십니까? 당신은 어떠십니까?

지금 혹시 우리 하나님이 우리 예수님이 다가오사 반복하는 메시지는 없으신가요? 그분이 주시는 말씀이 너무나 중요한 것일 때 그는 "진실로 진실로(아멘 아멘) 너에게 이르노니"를 반복하시며 말씀하십니다.

## 2. 두 번째 순종으로 응답함을 주목하십시오.

"요나가 여호와의 말씀대로 일어나서 니느웨로 가니라"

(욘 3:3)

여기 이제 순종으로 응답하는 요나의 모습을 보십시오. 1장에서의 요나는 '하나님으로부터 도망치는 사람(man running from God)'이었습니다. 그러나 2장에서 요나는 '하나님을 향하여 달려오는 사람(man running toward God)'이었습니다. 그런데 이제 3장에서의 요나는 '하나님과 함께 달리는 사람(man running with God)'입니다. 다시 3절을 보십시오. "요나가 여호와의 말씀대로 일어나서 니느웨로 가니라" 즉각적으로 일어나 갔다는 말입니다. 이때 요나는 더 이상 주저하지 않았습니다. 내가 좀 더 연구하고 좀 더 생각해 보고 좀 더 계획을 세운 후 가겠다고 하지 않았습니다. 오늘 성경 본문은 계속해서 요나가 나아간 성읍 니느웨가 큰 성읍인 것을 강조합니다. 2절에도 큰 성읍이라고 말합니다. 3절에도 큰 성읍이라고 말합니다. 요나가 얼마든지 위축될 수 있는 이 큰 성읍으로 나아가 그는 하나님의 심판의 말씀을 증거했습니다. 첫 명령에는 불순종했습니다. 그러나 두 번째 명령에는 순종한 것입니다. 그것도 즉각적으로 순종한 것입니다.

> "요나가 그 성읍에 들어가서 하루 동안 다니며 외쳐
> 이르되 사십 일이 지나면 니느웨가 무너지리라"
>
> (욘 3:4)

왜 여기 요나는 니느웨 사람들에게 40일의 찬스를 준 것일까요? 사실 요나 선지자가 니느웨로 나아간 것이 두 번째 순종의 기회였습니다만 40일의 기간은 니느웨 사람들에게도 충분한 회개의 찬스를 주시려는 하나님의 배려였다고 생각합니다. 성경에서 40일은 언제나 하나님이 무엇인가 당신의 새로운 역사를 이루시려는 타이밍으로 등장하지 않습니까? 노아의 홍수 40일, 모세의 시내 산에서의 40일, 엘리야의 사명 회복의 길 40일, 예수님의 광야 금식 40일, 이런 시간의 배려는 니느웨에게도 허용된 세컨드 찬스가 아니겠습니까? 중요한 것은 요나와 니느웨 백성들이 모두 세컨드 찬스에 순종으로 응답했다는 것입니다. 믿음의 여정에서 순종이 결코 쉽지 않을 때가 있습니다. 믿음의 조상 아브라함에게 하나님이 네 독자

이삭을 다시 내게 바치라고 했을 때 순종이 쉬웠을까요? 얼마나 많은 망설임과 주저함이 있었겠습니까? 그러나 마침내 그 아들을 데리고 모리아 산에 올라 제단에 결박하고 순종의 제물로 드리려는 찰나 하나님의 다급한 음성을 기억하십니까? 창세기 22장에 "아브라함아, 아브라함아, 그 아이에게 네 손을 대지 말라!"

그리고 창세기 22장 15절부터 17절에 인상 깊은 말씀이 기록됩니다.

> "[15]여호와의 사자가 하늘에서부터 두 번째 아브라함을 불러 [16]이르시되 여호와께서 이르시기를 내가 나를 가리켜 맹세하노니 네가 이같이 행하여 네 아들 네 독자도 아끼지 아니하였은즉 [17]내가 네게 큰 복을 주고 네 씨가 크게 번성하여 하늘의 별과 같고 바닷가의 모래와 같게 하리니 네 씨가 그 대적의 성문을 차지하리라"
>
> (창 22:15-17)

그렇습니다. 깨끗한 순종에 상급을 준비하시는 하나님, 그는 정녕 세컨드 찬스의 하나님이십니다.

## 3. 두 번째 순종의 결과를 사모하십시오.

본문의 사건에서 요나의 순종의 응답의 결과는 무엇입니까?

> "니느웨 사람들이 하나님을 믿고 금식을 선포하고 높
> 고 낮은 자를 막론하고 굵은 베옷을 입은지라" (욘 3:5)

백성들이 회개한 것입니다. 거기서 끝나지 않습니다.

> "그 일이 니느웨 왕에게 들리매 왕이 보좌에서 일어나
> 왕복을 벗고 굵은 베옷을 입고 재 위에 앉으니라"
>
> (욘 3:6)

지도자 왕도 회개한 것입니다. 왕과 백성이 다 함께 회개한 것입니다. 이보다 더 바람직한 순종의 결과가 어디에 있겠습니까? 그것은 분명 기대 이상의 아니 기대하지도 않은 순종의 결과였습니다. 그러나 이런 기대 이상의 놀라운 부흥과 회복의 역사는 요나 선지자가 이스라엘에서 앗수르까지의 험한 여정을 나아가기로 결단했을 때, 그리고 그가 하나님이 위탁한 메시지를 증거했을 때 받아야만 했었던 핍박을 각오했을 때 일어난 결과였습니다. 오늘 우리도 희생을 각오하고 이런 부흥을 사모할 수 있을까요?

오늘의 본문은 요나 선지자 한 사람을 통해 일어난 니느웨의 부흥을 증언하고 있습니다만, 신약성경에 오면 한 도시, 한 민족의 변화를 위해 주님은 당신의 제자들을 그곳으로 보내신다고 말합니다. 그 제자들의 공동체가 바로 교회인 것입니다. 교회가 중보기도와 복음 선포의 사명을 다할 때 교회는 그 도시의 희망, 민족의 희망이 된다고 성경은 약속합니다. 지구촌 교회가 창립될 때 우리의 소원이 바로 그것이었습니다. '민족을 치유하고 세상을 변화시키는 교회'가 되는 것이었습니다. 나는 우리 교회가 회개의 기도로 그리고 복음 전도의 권능을 얻기 위해 밤을 새우는 모습을 보고 싶습니다. 교회의 사명과 상관없는 비본질적 토의로 서너 시간을 때우는 교회가 아닌 전도와 선교의 사명을 제대로 감당하고자 눈물로 기도하고 주의 인도를 받고자 밤을 새우는 그런 성령 충만한 교회로의 회복 말입니다. 나는 새로운 지도자의 취임을 앞둔 이 시점에서 우리 교회에 다른 무엇보다 두 가지 회복이 일어나는 것을 보고 싶습니다.

**첫째, 셀(목장) 교회의 회복입니다.**

우리 교회 사역의 핵심은 초창기부터 셀 교회였습니다. 전국에서 셀 교회의 정신을 배우고자 수많은 교회들이 모델로 삼은 교회가 지구촌 셀 교회였습니다. 부흥기에 셀 교회 출석률은 한때 전 교인의 75%에 달했습니다. 지금 우리의 상황은 어떤가요? 말씀드리지 않아도 우리는 현실을 잘 알고 있습니다. 한때 우리 교회 지체가 되는 최고의 자랑은 목자의 삶을 사는 것이었습니다. 그런데 오늘의 우리 교회는 지금도 과연 목자가 되고 싶은 갈망을 지닌 성도들이 줄을 잇는 교회입니까? 다시 영혼을 양육하고 섬기는 것이 최고의 기쁨이고, 자랑이고, 면류관인 교회, 그래서 목자 하고 싶은 이들이 넘쳐나는 영적 회복이 일어나기를 기도합니다.

**둘째, 복음 전도의 열정의 회복입니다.**

우리 교회는 여름이면 단기 선교로 국내외로 흩어져 복음을 전합니다. 그리고 10월 가을이 오면 우리 사는 마을 주변에 아직 복음의 소식을 듣지 못한 이웃들을 초대하는 블레싱 축제를 엽니다. 한때 전도 대상자 VIP 기도 카드는 그 수를 헤아리기 어렵도록 넘쳐났고 축제 이후 결신자들의 잔치는 우리의 가슴을 설레게 했습니다. 지금은 어떤가요? 그런 전도의 열정이 회복되기를 사모하지 않으십니까? 최근에 내 주변 안 믿는 영혼들을 위해 눈물을 흘리며 기도해 본 적이 언제였습니까? 영혼 구원의 열정을 상실한 교회, 존재할 이유가 있는 교회입니까? 나는 새로운 지도자의 취임과 함께 무엇보다 우리 교회가 다시 복음 전도의 열정으로 충만한 교회로의 회복이

일어나길 기도합니다. 한때 우리 교회 찬양 사역자였던 이가
만든 찬양 「우리에겐 소원이 하나 있네」가 다시 우리 교회의
찬양이 되기를 기도합니다.

"우리에겐 소원이 하나 있네
주님 다시 오실 그날까지
우리 가슴에 새긴 주의 십자가 사랑
나의 교회를 사랑케 하네
주의 교회를 향한 우리 마음
희생과 포기와 가난과 고난
하물며 죽음조차 막을 수 없네
우리 교회는 이 땅의 희망
교회를 교회 되게 예배를 예배 되게
우릴 사용하소서
진정한 부흥의 날 오늘 임하도록 우릴 사용하소서"

이런 영적 회복이 일어나기를 소원하십시다.

# 6.
## 뜻을 돌이키시는 하나님
### (요나 3:7-10)

⁷왕과 그의 대신들이 조서를 내려 니느웨에 선포하여 이르되 사람이나 짐승이나 소 떼나 양 떼나 아무것도 입에 대지 말지니 곧 먹지도 말 것이요 물도 마시지 말 것이며 ⁸사람이든지 짐승이든지 다 굵은 베 옷을 입을 것이요 힘써 하나님께 부르짖을 것이며 각기 악한 길과 손으로 행한 강포에서 떠날 것이라 ⁹하나님이 뜻을 돌이키시고 그 진노를 그치사 우리가 멸망하지 않게 하시리라 그렇지 않을 줄을 누가 알겠느냐 한지라 ¹⁰하나님이 그들이 행한 것 곧 그 악한 길에서 돌이켜 떠난 것을 보시고 하나님이 뜻을 돌이키사 그들에게 내리리라고 말씀하신 재앙을 내리지 아니하시니라

인류의 문명사는 끊임없이 하나의 문명이 몰락하고 새로운 문명이 일어나는 연속이었습니다. 고대에는 그런 문명사가 한 나라를 중심으로 하기보다 한 도시를 중심으로 부침하고 있었

습니다. 그리스 문명이라고도 하지만 아테네 문명이라고도 합니다. 스파르타, 테베, 코린토, 올림피아 도시 등이 각자의 문명을 만들고 있었고, 터키의 트로이, 이탈리아가 국가로 부상하기 전 베네치아, 제노바, 피렌체, 밀라노, 로마 등 도시 국가를 중심으로 문명이 만들어지고 있었습니다. 오늘의 싱가포르, 홍콩 등이 각자의 문화를 일구는 하나의 자치령 국가인 것처럼 말입니다. 일찍 역사학의 아버지라 일컬어진 헤로도토스는 그의 『역사』라는 책에서 "앗시리아는 520년에 걸쳐 상 아시아를 지배했다"라고 기록하였습니다. 이 앗시리아 혹은 앗수르 문명의 중심이 니느웨(니네베)인 것입니다. 요나서 마지막 구절 4장 11절에 기록된 '좌우를 분변치 못하는 자 12만 명'이 어린이들을 뜻하는 것이라면 적어도 이 고대 도시는 인구 60만에 달하는 도시였을 것입니다.

앗수르 제국의 수도 니느웨는 주전 1363년부터 이미 강력한 성읍국가로 발전해 왔으며 주전 700년경 산헤립은 이곳을 앗수르 제국의 수도로 삼은 것으로 전해집니다. 오늘날의 티그리스 강 동쪽 기슭 이라크의 두 번째 큰 도시 모술 부근에 위치한 이 고대 도시에서는 이스달(Ishtar)의 거대한 신전, 앗수르바니발 왕(King Asshurbanipal)의 도서관 등 수많은 유물이 발굴되었는데 이 도시에는 선한 문화뿐만이 아닌 악하고 죄 된 문화의 흔적들로 넘쳐 나고 있었다고 합니다. 이 큰 성읍 니느웨에 가서 요나는 하나님의 심판의 메시지를 선포한 것입니다. 다시 1장 2절의 말씀을 상기해 보십시오. "너는 일어나 저 큰 성읍 니느웨로 가서 그것을 향하여 외치라 그 악독이 내 앞에 상달되었음이니라" 마침내 요나는 두 번째 그를 보내시는 말씀을 듣고 이 도시로 왔습니다. 그리고 외칩니다. "사십 일이 지나면 니느웨가 무너지리라"라고 말입니다. 그랬더니 아주 뜻밖에 왕과 백성들이 모두 회개합니다. 이제 이 도시의 운명은 어떻게 되겠습니까?

여기 한 도시의 운명과 연관된 본문의 두 가지 레슨을 기억하고자 합니다.

## 1. 뜻을 돌이키시는 하나님을 증언합니다.

"하나님이 뜻을 돌이키시고 그 진노를 그치사 우리가
멸망하지 않게 하시리라 그렇지 않을 줄을 누가 알겠
느냐"                                              (욘 3:9)

니느웨 왕과 대신들이 백성들에게 금식 기도를 명하면서 고백한 말입니다. 그 결과가 다음 10절에 기록되어 있습니다.

"하나님이 그들이 행한 것 곧 그 악한 길에서 돌이켜
떠난 것을 보시고 하나님이 뜻을 돌이키사 그들에게
내리리라고 말씀하신 재앙을 내리지 아니하시니라"

(욘 3:10)

그래서 니느웨 성은 40일이 지나 무너지지 않았고 하나님의
긍휼과 자비를 경험하게 되었습니다. 분명히 하나님이 뜻을
돌이키신 것입니다. 니느웨 성의 심판을 명하신 하나님이 그
뜻을 돌이키신 것입니다. 여기 중요한 신학적 물음이 제기됩
니다. "하나님은 자신의 뜻을 정하고도 언제든 다시 취소할 수
있는 그런 분이신가?" 말라기 3장 6절에 "나 여호와는 변하지
아니하나니(do not change)" 했는데 그럼 이런 말씀을 우리
는 어떻게 이해해야 하는가? 라는 물음입니다.

기독교 신학에서는 이런 하나님의 뜻의 작정이라는 명제를
둘러싸고 두 가지 입장이 대립해 왔습니다. 하나님은 역사 이
전에 모든 뜻을 정하시고(예정) 그 뜻을 따라 역사를 경륜해
오고 계시며 여기 인간의 책임이나 의지가 개입할 여지가 없
다는 입장입니다. 이런 입장을 '칼뱅주의(Calvinism)'라고 불
러왔고, 하나님이 인간을 창조하시고 인간에게 자유를 주신
이상 그런 자유의지의 행사에 따라 모든 역사는 실현되고 있
다는 입장을 '알미니안 주의(Arminianism)'(알미니우스라는

신학자가 이런 것을 처음 주장했기 때문)라고 부릅니다. 그러나 칼뱅주의 내에도 극단적 칼뱅주의자가 아닌 이상은 하나님의 작정에도 불구하고 인간의 책임 있는 의지의 응답은 여전히 중요하다는 생각을 가진 분들이 다수이고, 소위 알미니안적 입장에도 불구하고 인간의 구원은 단순히 인간 자신의 결단만이 아닌, 하나님의 은혜가 필요하다는 생각을 하는 분들이 다수입니다. 심지어 웨슬리는 하나님의 부르심에 응답할 수 있는 '선행적 은총(prevenient grace)'을 모든 사람에게 주셨기에 우리가 하나님에게 나아오는 것이 가능하다고 말합니다. 그래서 오늘에 와서는 극단적 칼뱅주의자나 극단적 알미니안이 아닌 이상 하나님의 작정하심과 인간의 자유로운 책임 사이의 조화가 필요하다는 견해가 소위 복음주의자들 다수에게 공유되고 있습니다.

그러면 다시 본문으로 돌아와서 하나님은 그가 이미 작정한 뜻을 변할 수 있는가? 저의 대답은 Yes and No입니다. 그 뜻이 역사 경륜의 절대적인 뜻이라면 변할 수 없다고 봅니다. 그러나 절대적이 아닌 상대적인 뜻이라면 변할 수 있다는 것입니다.

예컨대 예수 그리스도의 십자가의 죽으심을 통한 인류의 구원은 절대적인 하나님의 뜻이라고 믿습니다. 변할 수 없는 것입니다. 그리고 예수님의 다시 오심을 통한 역사의 마지막 심판, 절대적인 하나님의 뜻입니다. 변할 수 없는 것입니다. 그러나 오늘 본문의 니느웨의 심판과 멸망은 상대적인 뜻이라는 말입니다. 여기에는 하나님의 선포된 말씀 앞에 사람이 어떻게 책임 있게 응답하느냐에 하나님의 뜻의 변함이 좌우되는 것입니다. 하나님의 뜻이 쉽게 변할 수 있다면 우리는 그런 하나님을 어떻게 신뢰할 수 있을까요? 반면에 인간의 모든 역사를 기계적으로 결정하시고 기계적으로 프로그래밍하시는 하나님이시라면 기도가 왜 필요하겠습니까? 이런 설명을 한 신학자가 있었습니다. 어항 속에 많은 물고기들이 있는데 그들에게 어항은 하나님의 주권 같은 것이며, 인간 실존의 한계입니다. 그들은 어항을 벗어나 존재할 수 없습니다. 그러나 어항 안에서 그들은 사랑할 수 있고 미워할 수 있고 성공할 수 있고 실패할 수 있습니다. 그것은 그들의 자유이며 책임입니다. 마찬가지로 하나님의 주권과 작정은 어항과 같고 인간의 자유와 책임은 물고기와 같다는 것입니다.

그러면 다시 본문으로 돌아와 요나 선지자가 하나님의 심판의 말씀을 증거했을 때 니느웨 왕과 백성들은 진지하게 회개함으로 응답한 것입니다. 그리고 바로 이런 응답에 근거하여 하나님께서 니느웨를 향해 심판을 작정하신 뜻을 돌이키십니다.

## 2. 인간의 회개에 근거하여 뜻을 돌이키십니다.

회개란 무엇입니까? 전인격적인 응답으로 하나님을 향하여 우리의 마음을 돌이키는 행위를 뜻합니다. 전인격적이란 우리의 지성, 감성과 의지를 포함하는 것입니다. 먼저 우리의 마음이 주를 떠나 죄를 범한 그 상태를 지적으로 인지하는 것입니다.

> "니느웨 사람들이 하나님을 믿고 금식을 선포하고 높고 낮은 자를 막론하고 굵은 베옷을 입은지라"
>
> (욘 3:5)

우선 그들은 이제 하나님을 믿는다고 말합니다. 하나님을 인정하고 그 앞에 서게 된 것입니다. 하나님에 대한 지적 인정을 한 것입니다. 그리고 굵은 베옷을 입었습니다. 그들이 하나님을 거역하고 범한 죄에 대한 슬픔의 감정을 나타낸 것입니다. 그들의 진지한 정적 반응을 볼 수 있습니다.

> "하나님이 그들이 행한 것 곧 그 악한 길에서 돌이켜 떠난 것을 보시고"
>
> (욘 3:10)

그들은 하나님을 향한 지적, 정적 반응만 한 것이 아니라 의지적 결단을 감행한 것입니다. 그들이 달려온 악한 길, 악한 죄에서 떠나기로 한 것입니다. 진정한 회개는 후회만 하는 것 (회, 悔)이 아니라, 개선(개, 改) 곧 고침이 있어야 합니다.

바로 이런 전인격적 회개에 근거하여 하나님은 40일 후 니느웨를 멸하시려던 뜻을 돌이키십니다. 우리의 회개, 우리의 기도가 이렇게 하나님의 뜻을 돌이키신 사례는 니느웨의 사건 말고도 다수가 존재합니다. 출애굽기 32장에 보면 모세가 시내산에 올라가 있는 동안 이스라엘 백성들이 금송아지를 만들어 신을 경배하는 죄를 범했을 때 하나님은 출애굽기 32장 9절부터 10절에서 모세에게 "…이 백성을 보니 목이 뻣뻣한 백성이로다" 하시며 "내가 그들에게 진노하여 그들을 진멸하리라"라고 선언하십니다. 이때 출애굽기 32장 12절에서 모세가 중보의 기도를 드립니다. "어찌하여 애굽 사람들이 이르기를 여호와가 자기의 백성을 산에서 죽이고 지면에서 진멸하려는 악한 의도로 인도해 내었다고 말하게 하시려하나이까 주의 맹렬한 노를 그치시고 뜻을 돌이키사 주의 백성에게 이 화를 내리지 마옵소서" 이 기도가 어떤 결과를 가져왔습니까? 출애굽기 32장 14절을 보십시오. "여호와께서 뜻을 돌이키사 말씀하신 화를 그 백성에게 내리지 아니하시니라" 여기서도 뜻을 돌이키셨습니다.

사사 시대는 이스라엘 백성들의 지속적인 범죄로 그들의 이웃 나라들에 의해 짓밟히던 악몽 같던 시대였습니다. 그러나 그들이 이방 나라들에 짓밟혀 신음할 때 회개하고 구원을 호소할 때마다 하나님은 구원자 사사들을 보내십니다.

> "여호와께서 그들을 위하여 사사들을 세우실 때에는
> 그 사사와 함께 하셨고 그 사사가 사는 날 동안에는
> 여호와께서 그들을 대적의 손에서 구원하셨으니 이는
> 그들이 대적에게 압박과 괴롭게 함을 받아 슬피 부르
> 짖으므로 여호와께서 뜻을 돌이키셨음이거늘"(삿 2:18)

즉 백성들의 슬피 부르짖는 회개의 기도가 여호와 하나님의 뜻을 돌이키신 것입니다. 그래서 오늘 본문 9절에서 고백한 니느웨 왕과 신하들의 고백은 오늘을 사는 우리에게도 매우 중요한 것입니다. "하나님이 뜻을 돌이키시고 그 진노를 그치사 우리가 멸망하지 않게 하시리라 그렇지 않을 줄을 누가 알겠느냐" 여기 "누가 알겠느냐?(Who knows?)"라는 말이 흥미롭지 않습니까? 우리가 회개하면, 우리가 기도하면 하나님이 뜻을 바꾸실지 누가 알겠습니까?

이렇게 하나님이 뜻을 돌이키신 사건으로 흥미로운 또 하나의 사건은 히스기야 왕의 생명 연장의 사건입니다. 그때 왕의 나이, 37~38세 전성기의 나이입니다. 그는 아버지 아하스의

그릇된 정책을 바로잡았고, 정직하게 정치했고 종교개혁을 단행하였습니다. 그의 행위는 전성기의 다윗과 같았고 그가 행하는 모든 일에 하나님이 함께하셨다고 성경은 기록합니다. 그런데 그가 이제부터 정말 살 만한 때 병들어 죽게 된 것입니다. 선지자 이사야가 그에게 나아와 이사야 38장 1절에서 이렇게 예언합니다. "…여호와께서 이같이 말씀하시기를 너는 네 집에 유언하라 네가 죽고 살지 못하리라"라는 것입니다. 청천벽력 같은 예언입니다. 이제 그가 죽는 것은 하나님의 뜻으로 선포된 것입니다. 그런데 그때 히스기야는 그의 얼굴을 벽을 향하고 통곡하며 기도합니다.

> "이르되 여호와여 구하오니 내가 주 앞에서 진실과 전심으로 행하며 주의 목전에서 선하게 행한 것을 기억하옵소서 하고 히스기야가 심히 통곡하니" (사 38:3)

이때 주신 여호와 하나님의 말씀을 기억하십니까?

> "⁵너는 가서 히스기야에게 이르기를 네 조상 다윗의 하나님 여호와께서 이같이 말씀하시기를 내가 네 기도를 들었고 네 눈물을 보았노라 내가 네 수한에 십오 년을 더하고 ⁶너와 이 성을 앗수르 왕의 손에서 건져 내겠고 내가 또 이 성을 보호하리라" (사 38:5-6)

그렇습니다. 히스기야 왕의 통곡의 기도가 하나님의 뜻을 돌이켜 15년의 생명 연장의 복을 누리게 하고 더 나아가 자신의 민족을 구원하게 한 것입니다. 물론 그의 눈물의 기도만이 유일한 원인이라고 말해서는 안 될 것입니다. 더 멀리 당신의 민족을 통한 구속사적 경륜을 이루시기 위해 더 큰 하나님의 뜻을 이루시고자 그의 기도를 응답하신 것입니다.

그러나 중요한 것은 우리의 회개가, 우리의 기도가 나 자신을 살리고 나의 가정, 나의 민족을 살릴 수 있다는 것입니다. 우리의 죄악 때문에 하나님의 채찍으로서의 우리 역사의 고통을 피할 수 없는 이 어둠의 시간에 그러나 우리가 회개하면 우리가 기도하면 우리가 통곡하면 그분이 뜻을 돌이키실지 누가 알겠습니까? Who knows?

그렇다면 그는 자신의 뜻을 바꾸시고자 우리의 회개, 우리의 기도를 기다리십니다.

# 7.
## 다시 주저앉고 싶을 때
### (요나 4:1-6)

¹요나가 매우 싫어하고 성내며 ²여호와께 기도하여 이르되 여호와여 내가 고국에 있을 때에 이러하겠다고 말씀하지 아니하였나이까 그러므로 내가 빨리 다시스로 도망하였사오니 주께서는 은혜로우시며 자비로우시며 노하기를 더디 하시며 인애가 크시사 뜻을 돌이켜 재앙을 내리지 아니하시는 하나님이신 줄을 내가 알았음이니이다 ³여호와여 원하건대 이제 내 생명을 거두어 가소서 사는 것보다 죽는 것이 내게 나음이니이다 하니 ⁴여호와께서 이르시되 네가 성내는 것이 옳으냐 하시니라 ⁵요나가 성읍에서 나가서 그 성읍 동쪽에 앉아 거기서 자기를 위하여 초막을 짓고 그 성읍에 무슨 일이 일어나는가를 보려고 그 그늘 아래에 앉았더라 ⁶하나님 여호와께서 박넝쿨을 예비하사 요나를 가리게 하셨으니 이는 그의 머리를 위하여 그늘이 지게하며 그의 괴로움을 면하게 하려 하심이었더라 요나가 박넝쿨로 말미암아 크게 기뻐하였더니

요나서 강해가 1장에서 시작하여 마지막 4장에 도달했습니다. 1장에서 우리가 본 요나는 "하나님을 피하여 도망가는 요나"였습니다.

> "그러나 요나가 여호와의 얼굴을 피하려고 일어나 다시스로 도망하려 하여 욥바로 내려갔더니…" (욘 1:3)

2장에서 본 요나는 '하나님을 향해 달려오는 요나'였습니다.

> "내가 말하기를 내가 주의 목전에서 쫓겨났을지라도 다시 주의 성전을 바라보겠다 하였나이다" (욘 2:4)

그리고 3장에서 본 요나는 '하나님과 함께 달리는 요나'였습니다.

> "요나가 여호와의 말씀대로 일어나서 니느웨로 가니라" (욘 3:3)

그런데 마지막 4장이 보여 주는 요나는 '하나님 앞에 다시 주저앉은 요나'입니다.

"요나가 성읍에서 나가서 그 성읍 동쪽에 앉아 거기서
자기를 위하여 초막을 짓고 그 성읍에 무슨 일이 일어
나는가를 보려고 그 그늘 아래에 앉았더라"    (욘 4:5)

여기 '앉았다'는 단어가 두 번이나 반복되며 요나의 상황을
증언하고 있습니다. 그는 그냥 필요에 의해 앉은 것이 아니라,
앉을 수밖에 없었습니다. 주저앉은 것입니다.

그는 왜 주저앉았을까요? 우리는 4장 1절에서 직접적인 원
인을 알아낼 수 있습니다.

"요나가 매우 싫어하고 성내며"            (욘 4:1)

무엇을 싫어하고 무엇 때문에 성이 났습니까? 3장 마지막
절이 요나가 좌절하고 성내는 원인을 보여 줍니다.

"하나님이 그들이 행한 것 곧 그 악한 길에서 돌이
켜 떠난 것을 보시고 하나님이 뜻을 돌이키사 그들에
게 내리리라고 말씀하신 재앙을 내리지 아니하시니라"

(욘 3:10)

즉 니느웨 성에 그가 기대한 결과가 일어나지 않은 것입니

다. 하나님은 니느웨 성에 대한 심판을 유보하신 것입니다. 여기서 우리가 알 수 있는 것은 요나가 그 성읍을 향한 심판의 메시지를 증거할 때 "40일이 지나면 무너지리라"라고 한 그 결과를 보고 싶어 했던 것입니다. 그동안 자기 민족을 괴롭혀 온 이 앗수르 제국의 수도가 자신의 설교 이후 지진이나 역병이 돌아 폭망하는 모습을 보고 싶었던 것입니다. 그런데 하나님은 니느웨가 회개하자 그들이 다시 일어나는 제2의 기회를 주신 것입니다. 최근 한일 관계의 첨예한 갈등을 경험하는 우리로 이해할 만한 사건이 아닙니까? 우리가 일본에 가서 하나님의 심판의 메시지를 전했더니 그들이 회개하고 예수를 잘 믿어 한국을 앞질러 하나님이 사용하시는 선교적 국가가 되었다면 우리가 기뻐하겠습니까? 그러나 그런 분석만으로 아직 충분하지 않습니다.

그래서 우리는 요~나가 주저앉게 되는 원인을 좀 더 심층적으로 알아보겠습니다.


## 1. 나의 이기적인 소명 때문입니다.

요나 선지가가 다시스를 향해 가던 발걸음을 돌이켜 다시 앗수르 니느웨로 향한 것은 분명하게 그에게 주어진 선지자로서의 소명 때문이었습니다. 선지자의 기본적인 소명은 그에게 주어진 하나님의 말씀을 선포하는 것입니다. 그는 지금 그에게 위탁된 말씀을 선포하기 위해서 이스라엘에서 다시 앗수르 니느웨까지 길을 갔습니다. 당시로서는 쉽지 않은 희생을 요구하는 여정이었습니다. 그리고 니느웨에 도착하는 즉시 주신 말씀을 선포했습니다. "사십 일이 지나면 이 성은 무너진다!"라고. 니느웨 시민들이 듣고 싶지 않은 메시지였습니다. 그 메시지는 어쩌면 그를 그로 하여금 이 성읍에서 체포되게 하고 재판받아 자신의 목숨이 위협될 수 있는 말씀이었습니다. 모든 것이 다 소명 곧 부르심 때문이었습니다. 소명은 소명에 순종하는 사람들에게 이런 대가 지불을 요구합니다.

그런데 모든 소명이 다 순수하고 거룩한 것이라고 가정해서는 안 됩니다. 우리의 소명에도 이기적인 동기가 섞일 수 있습니다. 본문의 요나 선지자의 경우 그는 자신의 민족과 적대적인 나라 앗수르의 패망을 보고 싶어 하는 동기가 있었던 것입니다. 그러나 앗수르 니느웨가 회개하고 변화되자 하나님은 그 도시에 대한 심판을 유보하셨고 요나로서는 그 결과를 받아들일 수 없었던 것입니다. 오늘날도 선교를 연구하는 선교학자들은 세계 선교의 최대 장애물이 있다면 그것을 '자민족 중심주의(ethno-centrism)'라고 부릅니다. 다시 말하면 민족적 이기심인 것입니다. 그러나 하나님의 비전, 하나님의 아들이신 예수님의 비전은 우리 민족뿐이 아닌 모든 민족이 복음을 받아들이고 제자화되는 것입니다. 마태복음 28장 19절의 그리스도인의 대 사명(Great Commission)을 기억하십니까?

> "그러므로 너희는 가서 모든 민족을 제자로 삼아 아버지와 아들과 성령의 이름으로 세례(침례)를 베풀고"
>
> (마 28:19)

여기 강조된 선교의 대상은 모든 민족입니다. 역사의 마지막에 펼쳐질 가장 위대한 드라마는 무엇입니까? 요한계시록 7장 9절부터 10절입니다.

> "⁹이 일후에 내가 보니 각 나라와 족속과 백성과 방언에서 아무도 능히 셀 수 없는 큰 무리가 나와 흰 옷을 입고 손에 종려 가지를 들고 보좌 앞과 어린 양 앞에 서서 ¹⁰큰 소리로 외쳐 이르되 구원하심이 보좌에 앉으신 우리 하나님과 어린 양에게 있도다 하니"        (계 7:9-10)

그러면 이 마지막 드라마의 실현을 위해 우리에게 필요한 결단이 무엇입니까? 자신의 국가, 자신의 민족의 이기심을 초월하여 열방을 가슴에 품는 헌신이 모든 성숙한 그리스도인들에게 있어야 한다는 것입니다. 이 헌신이 없이 우리는 조금 선교하고 조금 전도하다가 내 마음대로 상황이 흘러가지 않는다고 생각하면 주저앉아 버립니다. 그의 소명은 아직 온전한 위로부터의 소명이 못된 이기적인 것이었기 때문입니다.


## 2. 나의 주관적인 신관 때문입니다.

  여기 우리는 요나의 이기적 소명뿐만이 아닌 주관적 신관을 접하게 됩니다.

> "여호와께 기도하여 이르되 여호와여 내가 고국에 있을 때에 이러하겠다고 말씀하지 아니하였나이까 그러므로 내가 빨리 다시스로 도망하였사오니 주께서는 은혜로우시며 자비로우시며 노하기를 더디 하시며 인애가 크시사 뜻을 돌이켜 재앙을 내리지 아니하시는 하나님이신 줄을 내가 알았음이니이다"  (욘 4:2)

  요나는 이미 이런 하나님을 하나님의 명을 불순종하고 다시스로 가면서 체험하였습니다. 그는 이런 하나님 즉 노하기를 더디 하시며 인애하신 하나님을 물고기 뱃속에서도 체험하지 않았습니까? 그런데 문제는 그 하나님이 나에게는 노하기를 더디 하시며 인애하신 하나님이시지만 앗수르 니느웨인들에게는 그런 하나님이기를 원하지 않은 것입니다. 하나님이 나를 사랑하시고 나를 참아 주시는 것은 괜찮지만 내 원수도 참고 사랑하는 것은 원하지 않은 것입니다. 지극히 주관적 신관, 이기적 신관이 아닙니까?

우리가 전도하다 보면 사람이 예수를 믿지 않는다는 이유하나 때문에 사람을 지옥에 보내는 그런 신을 나는 믿을 수 없다는 분들을 만납니다. 하나님의 사랑은 믿지만 하나님의 심판은 믿을 수 없다고 말합니다. 반대로 이 지구상의 수많은 재앙들을 보면 나는 사랑의 하나님, 자비의 신이 존재함을 믿을 수 없다고 말하는 분들도 있습니다. 모두가 자기가 믿고 싶은 신을 믿고자 합니다. 성경이 증거하는 믿어야 할 신을 믿는 것이 아니라, 자기가 믿고 싶은 자기 본위의 신을 믿고자 합니다. 그래서 자기가 만들어 놓은 허상의 신을 향해 분노하기도 하고 불평하기도 합니다. 일찍 유대인 심리학자 아브라함 매슬로우(Abraham Maslow)는 어떤 상황에 대한 이런 미성숙한 반응 현상을 '요나 신드롬(Jonah Syndrome)' 혹은 '요나 콤플렉스(Jonah Complex)'라고 말한 바가 있습니다. 진정한 선교, 진정한 전도는 이런 요나 신드롬, 혹은 요나 콤플렉스를 극복할 때 비로소 가능한 소명입니다. 최근 한일 관계가 첨예하게 대립되는 갈등 양상을 보이고 있는 때에 한 기독교 언론을 보니까 한국 크리스천 젊은이들이 일본에 건너가 "우리들 한국인(그리스도인)은 일본인들을 사랑합니다"라고 고백하고 전도하고 돌아온 이들이 있었습니다. 한국 정치인들과 한국 언론들은 이런 행위를 어떻게 평가할지 모릅니다. 그러나 성경의 하나님은 분명 이런 전도를, 이런 선교를 기뻐하신다고 믿습니다.

### 3. 나의 육체적인 피곤 때문입니다.

요나가 주저앉은 또 하나의 원인을 생각해 봅니다.

> "요나가 성읍에서 나가서 그 성읍 동쪽에 앉아 거기서
> 자기를 위하여 초막을 짓고 그 성읍에 무슨 일이 일어
> 나는가를 보려고 그 그늘 아래에 앉았더라"    (욘 4:5)

왜 앉았다고 했습니까? 무슨 일이 일어나는가를 보려고. 얼마 전까지 하나님의 선지자로서 하나님의 말씀을 증거하며 쓰임 받고 있던 그가 지금은 방관자의 자리로 돌아갑니다. 모든 것이 귀찮아진 것입니다. 성읍에서 그가 외친 그대로 더 이상 심판의 역사가 일어나지 않자 그는 하나님의 일에 대한 기대를 상실합니다. 이미 그는 3절에서 자신은 이제 죽고 싶다고

독백을 토해 냅니다. "여호와여 원하건대 이제 내 생명을 거두어 가소서 사는 것보다 죽는 것이 내게 나음이니이다." 자기 뜻대로 상황이 안 돌아가자 요나는 의욕을 상실한 것입니다. 그리고 만사가 귀찮아진 것입니다. 그런데 다행스럽게 박넝쿨 그늘 하나를 찾자 에라 모르겠다고 그 그늘 아래 주저앉은 것입니다. 그리고 4장 6절에는 박넝쿨이 그늘을 만들어 준 것을 인하여 그가 크게 기뻐했다고 합니다. 영적인 사명감을 상실한 그에게 겨우 위로감이 된 것이 박넝쿨 그늘이었습니다. 그는 지금 육체적으로 너무 지쳐 있었고 피곤함 속에 있었던 것입니다.

우리는 이런 육체적 원인을 쉽게 아무것도 아닌 것으로 취급해서는 안 됩니다. 인간의 영적 좌절이 반드시 다 영적인 원인만 있는 것은 아닙니다. 때로 육체적 원인이 우리의 영적 기상도를 좌우할 수 있습니다. 신학자들은 흔히 인간을 만든 요소가 둘이냐, 셋이냐 하는 것으로 토론을 진행합니다. 이분설과 삼분설의 대립입니다. 인간을 영, 혼, 몸, 셋으로 되어 있다고 생각하는 견해가 삼분설입니다. 그런가 하면 영과 혼은 본질적으로 나눌 수 없는 것이고, 하나님이 인간을 지으실 때 흙이라는 물질에다가 하나님의 생기라는 요소(비물질)를 불어넣음으로 생령(living being, 산 존재)이 되었으니 이분설(영혼+육체)이 맞는다고 생각하는 학자들이 있습니다. 저도 이분설

을 주장하는 학자들과 견해를 같이하지만 한 가지 다른 생각
은 인간이 살아 있는 동안에는 영혼과 육체가 둘로 나뉘어 존
재하는 것이 아니라, 유기체적 전인으로 존재한다고 생각합니
다. 그래서 영혼이 고장 나면 육체에도 문제가 생기고, 또 반
대로 육체가 고장 나면 우리의 영적 상태에도 문제가 생기는
것입니다. 그래서 육체의 관리는 매우 중요한 인간의 책임입
니다. 성경은 성도의 몸은 성령이 거하는 전이라고 가르칩니
다. 육체 관리는 곧 성전 관리입니다.

> "해가 뜰 때에 하나님이 뜨거운 동풍을 예비하셨고 해
> 는 요나의 머리에 쪼이매 요나가 혼미하여 스스로 죽
> 기를 구하여 이르되 사는 것보다 죽는 것이 내게 나으
> 니이다"                                          (욘 4:8)

유진 피터슨의 메시지는 이 대목을 번역하기를 "해가 요나
의 머리 위에 내리쬐니 그의 정신이 혼미해지기 시작했다"라
고 했습니다. 육체적 피곤이 그의 정신 상태까지 혼미하게 만
든 것입니다. 육체와 정신은 둘이 아니라, 하나입니다. 육체의
피곤이 그의 영적 상태, 영적 판단력까지 혼미하게 만든 것입
니다. 그동안 요나는 너무 육체를 관리하지 못한 채 자신을 학
대하고 있었던 것입니다. 그리고 한순간에 그는 무너져 내리
고 만 것입니다. 우리가 건강하게 영적 생활을 하려면 육체 관

리에도 신경을 써야 합니다. 그것이 우리의 육체에 대한 청지기적 의무입니다. 본래 플라톤과 아리스토텔레스가 말한 것으로 전해지지만 위대한 로마 문화를 만든 로마인들이 속담처럼 사용한 말, "건전한 육체에 건전한 정신이 깃든다(A sound mind in a sound body)"라는 말은 성경의 정신과도 어긋나지 않습니다.

믿음의 길에서 요나처럼 다시 주저앉지 않으려면 하나님이 주신 몸의 신실한 청지기가 되어야 할 줄 믿습니다. 그러나 요나의 드라마가 그가 주저앉은 것으로 끝나지 않은 것을 감사하십시다. 이제 다시 주님이 요나에게 다가오십니다. 그를 다시 일으켜 세우시기 위해서입니다. 옛 복음성가의 메시지를 기억하십시다.

"나의 등 뒤에서 나를 도우시는 주
나의 인생길에서 지치고 곤하여
매일처럼 주저앉고 싶을 때 나를 밀어 주시네
내가 새 힘을 주리니 일어나 너 걸어라 내 너를 도우리."

# 8.
## 내가 아끼노라
### (요나 4:7-11)

<sup>7</sup>하나님이 벌레를 예비하사 이튿날 새벽에 그 박넝쿨을 갉아먹게 하시매 시드니라 <sup>8</sup>해가 뜰 때에 하나님이 뜨거운 동풍을 예비하셨고 해는 요나의 머리에 쪼이매 요나가 혼미하여 스스로 죽기를 구하여 이르되 사는 것보다 죽는 것이 내게 나으니이다 하니라 <sup>9</sup>하나님이 요나에게 이르시되 네가 이 박넝쿨로 말미암아 성내는 것이 어찌 옳으냐 하시니 그가 대답하되 내가 성내어 죽기까지 할지라도 옳으니이다 하니라 <sup>10</sup>여호와께서 이르시되 네가 수고도 아니하였고 재배도 아니하였고 하룻밤에 났다가 하룻밤에 말라 버린 이 박넝쿨을 아꼈거든 <sup>11</sup>하물며 이 큰 성읍 니느웨에는 좌우를 분변하지 못하는 자가 십이만여 명이요 가축도 많이 있나니 내가 어찌 아끼지 아니하겠느냐 하시니라

우리는 무엇을 가장 아끼며 살고 있습니까? 이 질문에 대한 대답은 우리가 가진 가치관에 의해서 달라질 것입니다. 우리가 살고 있는 집에 불이 나면 그리고 주어진 시간이 불과 한 5분밖에 없다면 우리는 무엇을 가지고 집을 빠져나오시겠습니까?

비슷한 질문에 은행 통장을 갖고 나오겠다는 사람도 있고, 숨겨 놓은 돈지갑이라고 말한 분도 있고, 결혼반지를 갖고 나오겠다고 대답한 분도 있고, 가족 앨범이라고 말한 분도 있고, 의외로 일기장을 갖고 나오겠다는 대답을 한 사람도 있었다고 합니다. 루브르 박물관 들어갔다 불이 나면 당신은 어떤 작품을 갖고 나오겠느냐고 물었더니, 한 프랑스 작가가 자기는 출구에서 가장 가까운 작품 한 점 갖고 나오겠다는 대답을 했다고 합니다. 지혜로운 대답이지요. 어떤 화재현장에서 구조된 할아버지가 "잠깐만" 하더니 집으로 다시 들어가 사진 한 장을 들고 나오셨다고 합니다. 검게 탄 사진을 보고 흐뭇해하는 할아버지에게 구급 대원이 "누구 사진이세요? 혹시 아들 사진인가요?" 했더니 씩 웃으시며 "꼭 한 장밖에 없는 내 어린 시절 사진이야!"라고 하더랍니다.

사람마다 중요한 것은 자신이 생각하는 가치에 따라 다를 수밖에 없지만 실상 내 목숨보다 더 중요한 것은 없을 것입니다. 예수님도 "사람이 만일 온 천하를 얻고도 자기 목숨을 잃으면 무엇이 유익하리요?"(막 8:36) 하지 않으셨습니까? 요즈음 비슷한 설문을 했더니 의외로 자기 반려견을 데리고 나오겠다고 대답한 이들이 적지 않았다고 합니다. 반려견이 가족의 지위로 가치가 상승한 세태를 보여 주고 있는 것입니다. 그러나 화재현장에서 자기만 빠져나오고 자기 부모, 아내나 자식들, 반려 가축(가족)들을 버려두어 비난받는 일도 종종 목격하게 됩니다. 여러분은 오늘 무엇을 아끼며 살아가고 계십니까? 본문을 통해 세 가지 단계의 점진적 가치관의 상승에 따른 질문을 드리고자 합니다.

## 1. 박넝쿨이나 초막인가?

> "하나님 여호와께서 박넝쿨을 예비하사 요나를 가리게 하셨으니 이는 그의 머리를 위하여 그늘이 지게 하며 그의 괴로움을 면하게 하려 하심이었더라 요나가 박넝쿨로 말미암아 크게 기뻐하였더니"　　　(욘 4:6)

요나는 선지자입니다. 그가 가장 기뻐해야 할 일은 선지자로서 하나님의 말씀을 기뻐하고 하나님의 말씀을 전하는 일이어야 했습니다. 그것이 그의 사명이었기 때문입니다. 그러나 그가 전한 말씀의 결과가 그가 기대한 것(니느웨 성의 멸망)이 아니었을 때 그는 좌절하여 주저앉았습니다. 그러자 그는 더 이상 자신의 사명을 기뻐하지 못하는 사람이 된 것입니다. 사명은 언제나 우리로 고급한 가치를 바라보고 살게 합니다. 그러나 고급한 가치에 따른 사명을 상실하면 우리는 저급한 가치에 매달려 살게 됩니다. 요나가 이제 붙들게 된 저급한 가치의 상징이 바로 박넝쿨입니다. 그는 이제 니느웨 성의 변화 같은 고급한 가치가 아닌 무더운 날 자기 머리에 그늘을 제공하는 박넝쿨이 더 중요하게 된 것입니다. 혹은 본문 5절에 보면 박넝쿨을 보호하는 초막을 지었습니다. 그리고 요나는 박넝쿨이나 초막이 제공하는 그늘을 인하여 크게 기뻐하는 인생이 된 것입니다.

그런데 본문 7절을 보십시오. "하나님이 벌레를 예비하사 이튿날 새벽에 그 박넝쿨을 갉아먹게 하시매 시드니라" 본문 6절은 "하나님 여호와께서 박넝쿨을 예비하사" 그랬습니다. 요나서를 이해하는 중요한 열쇠 단어의 하나가 '예비하사'입니다. 박넝쿨을 예비하신 하나님이 7절에는 벌레를 예비하셔서 그 박넝쿨을 갉아먹게 하시고, 8절에는 뜨거운 동풍을 예비하사 그 바람이 불어오자 그늘이 사라진 것입니다. 지금까지 요나를 보호하고 위로하고 기쁨을 주던 박넝쿨 그늘이 사라진 것입니다. 결국 박넝쿨 그늘은 오래가지 못한 일시적 가치에 불과했던 것입니다. 그런데 요나만 그런 인생을 살고 있을까요? 오늘 우리가 붙들고 사는 박넝쿨, 아니면 초막 같은 것, 결국 오래가지 못할 일시적 보호나 일시적 위로에 지나지 않는 것들, 돈이나 보험, 지위나 권력들을 우리가 붙들고 사는 것이 아닌가요? 이런 일시적 가치들이 사라지자 우리는 8절의 요나처럼 불평만 하고 있는 것이 아닐까요?

> "해가 뜰 때에 하나님이 뜨거운 동풍을 예비하셨고 해는 요나의 머리에 쪼이매 요나가 혼미하여 스스로 죽기를 구하여 이르되 사는 것보다 죽는 것이 내게 나으니이다." (욘 4:8)

지속되는 하나님의 질문과 요나의 대답이 무엇이었습니까?

> "⁹하나님이 요나에게 이르시되 네가 이 박넝쿨로 말미암아 성내는 것이 어찌 옳으냐 하시니 그가 대답하되 내가 성내어 죽기까지 할지라도 옳으니이다 하니라 ¹⁰ 여호와께서 이르시되 네가 수고도 아니하였고 재배도 아니 하였고 하룻밤에 났다가 하룻밤에 말라버린 이 박넝쿨을 아꼈거든" (욘 4:9-10)

무슨 말씀입니까? "요나야, 너는 지금 하루 만에 있다가 없어질 하루살이 가치를 지닌 박넝쿨에 네 모든 생각과 관심이

집중되어 있는 것을 스스로 알겠니? 그 박넝쿨도 네가 만든 것도 네가 재배한 것도 아닌데 말이다." 그렇다면 오늘 우리의 박넝쿨, 우리의 초막은 무엇일까요? 우리가 올인하고 있는 우리의 가치의 대상 말입니다. 돈인가요? 명예인가요? 권력인가요? 지위인가요? 일시적 성공인가요? 그것들이 궁극적으로 우리가 아낄 대상이 아니라면 다음으로 고려해야 할 아낌의 대상은 무엇이어야 합니까?

## 2. 우리의 더 중요한 자산들인가?

우리는 이제 그 대답을 요나서의 마지막 구절에서 발견합니다.

> "하물며 이 큰 성읍 니느웨에는 좌우를 분변하지 못하는 자가 십이만여 명이요 가축도 많이 있나니 내가 어찌 아끼지 아니하겠느냐" (욘 4:11)

여기 박넝쿨보다는 더 중요한 가치를 지니는 자산들을 언급하십니다. 우선 박넝쿨 같은 식물보다는 니느웨 성의 가축들이 하나님 보시기에 더 중요한 가치를 지니는 것으로 등장합니다. 창세기 1장의 창조 사건에도 가축은 인간과 함께 마지막 여섯째 날에 창조됩니다. 그런데 흥미로운 것은 여기 니느웨 성의 가축에 관한 한 하나님이 숫자를 세시지는 않으셨습니다. 반면에 사람들에 대해서는 여기 숫자로 카운트된 12만 명의 좌우를 분변하지 못하는 자들이라고 기록합니다. 문제는 그들이 누구인가라는 것입니다.

어떤 성경학자들은 이 숫자를 니느웨 성의 모든 사람으로 해석하기도 합니다. 그들은 아직 좌우 혹은 선악의 근원 되시는 하나님을 몰랐기에 그들을 모두 좌우를 알지 못하는 자들이라고 표기한 것이라고 말입니다. 그러나 좀 더 엄밀하게 성경을 살피는 학자들은 여기 이 표현 '좌우를 분변치 못하는 자'들을 성인이 되기 전의 아이들을 가르치는 일관성 있는 성경적 표현이라고 지적합니다.

> "또 너희가 사로잡히리라 하던 너희의 아이들과 당시에 선악을 분별하지 못하던 너희의 자녀들도 그리로 들어갈 것이라…"
> (신 1:39)

> "15그가 악을 버리며 선을 택할 줄 알 때가 되면 엉긴 젖과 꿀을 먹을 것이라 16대저 이 아이가 악을 버리며 선을 택할 줄 알기 전에…"
> (사 7:15-16)

고대에는 영아의 사망률도 아주 높아 아이들은 인간으로 대

접을 받지 못한 채 부모에게 속한 미래의 자산에 불과했습니다. 그런 그 시대에 니느웨 성의 운명을 판단하시며 아이들을 중요한 자산으로 배려하신 하나님의 사랑이 드러나 있는 사건입니다. 최근 우리의 시대에는 문화가 발전하며 생태계에 관심을 갖고 가축의 도살에도 민감해야 한다는 반성을 하고 있고 더욱 어린 영아, 심지어 어머니 모태의 태아도 생명권을 가진 존재로 간주해야 한다고 말하고 있지 않습니까? 그러므로 이 요나서의 마지막 구절은 내가 그들을 아껴 그 성 백성들의 회개를 보고 니느웨 성에서 나의 심판과 함께 사라질 그 성의 아이들, 그 성의 가축들을 아껴 심판을 유보한 것이 왜 잘못이겠느냐? 라는 하나님의 가치 선언으로 막을 내립니다. 그러나 동시에 이 마지막 구절은 여호와 하나님이 그 성의 60만의 인구들을 향하여 심판을 거두신 더 중요한 이유를 우리에게 상기시켜 주시는 것입니다.


## 3. 하나님의 최고의 가치인 인생들인가?

요나서는 생각의 여지를 남기는 하나님의 질문으로 마무리됩니다. "니느웨에는 좌우를 분변하지 못하는 자가 십이만 명이요 가축도 많이 있나니 내가 어찌 아끼지 아니하겠느냐" 무엇을 누구를 아낀다는 말입니까? 물론 좌우를 알지 못하는 십이만 명의 영아들, 가축들을 포함합니다. 그러나 여기 전제된 가장 중요한 아낌의 대상은 요나가 전달한 하나님의 말씀을 듣고 회개를 통해 심판을 면하고 멸망에서 구원받은 니느웨 시민들, 이제 우리의 관점으로는 아이들을 포함한 60만 명의 백성들을 가르치는 말씀입니다. 그렇다면 그 동일하신 하나님, 어제나 오늘이나 동일하신 하나님이 오늘의 21세기 도시에 살고 있는 영혼들을 아끼지 아니하시겠습니까? 경기도 1,300만 인구를, 서울의 1,000만의 인구를, 수원의 120만의 인구를, 성남·분당의 99만의 인구를, 용인의 90만의 인구를 아끼지 아니하시겠습니까? 그렇다면 하나님이 최고의 가치를 사람에게 두고 사람을 아끼시는 이유는 무엇 때문일까요? 두 가지 이유를 성경적으로 살펴보고자 합니다. 하나는 창조적 관점이고, 또 하나는 구속적 관점이라고 할 수 있습니다.

**첫째, 창조적 관점에서 인생은 하나님의 형상으로 지음 받은 존재이기 때문입니다.**

인간이 다른 모든 피조물과 다른 차이점은 오직 인간만이 하나님의 형상을 따라, 곧 하나님을 닮은 존재로 지음을 받았다는 것입니다. 부모들이 자기 자식들에 대한 무조건적 애정을 쏟아붓고 아끼는 이유가 무엇 때문입니까? 자식들이 자기를 닮은 존재이기 때문입니다. 요즘 말로 나의 DNA가 그대로 내 자식 안에 있습니다. 하나님이 사랑이신 것처럼 우리도 사랑하는 존재로 지어 주셨습니다. 그래서 그는 그가 우리를 사랑하신 것처럼 우리도 사랑해야 한다고 말씀하십니다. 하나님은 또한 거룩하신 분이십니다. 그래서 그는 우리를 거룩해야 할 존재로 지으셨습니다. 그래서 그는 "내가 거룩한 것처럼 너희도 거룩하라"라고 말씀하십니다. 달리 말하면 "나를 닮아라"라고 말씀하십니다. 그는 모든 인류를 그렇게 지으셨습니다. 유대인뿐 아니라 이방인도 그렇게 지으셨습니다. 모든 인간이 귀히 여김을 받아야 할 이유는 모든 인간이 하나님의 형상을 따라 지음 받은 때문입니다. 장애인도 귀히 여김을 받아야 할 이유는 장애인도 동일하게 하나님의 형상을 따라 지음을 받은 까닭입니다. 요나의 민족 이스라엘이 하나님의 형상을 따라 지어진 것처럼 앗수르 니느웨 사람들도 동일하게 하나님의 형상을 따라 지음 받은 때문입니다. 그래서 내가 너를 아끼는 것처럼 니느웨 사람들을 아낀다고 말씀하시는 것입니다.

**둘째, 구속적 관점에서 인생은 하나님의 아들 예수께서 자신을 속죄의 제물로 내어 주신 대상이기 때문입니다.**

너희는 내가 목숨을 버려 사랑한 나의 제자, 나의 백성들이라는 것입니다. 그러므로 그분에게 이 땅에 살고 있는 그 누구도 온 천하를 주고라도 포기할 수 없는 소중한 그분의 사랑의 대상이십니다. 그분은 누가복음 15장의 비유들을 통해서 한 영혼의 돌아옴을 그가 아는 모든 벗들과 이웃들을 불러 기뻐할 사건이며, 죄인 한 사람의 회개는 하나님의 천사들 앞에 기쁨의 사건이라고 말씀하십니다. 그가 하나님의 아들이시면서 사람의 아들 인자가 되어 이 땅에 오신 목적을 누가복음 19장 10절에서는 "인자가 온 것은 잃어버린 자를 찾아 구원하려 함이니라"라고 선언하십니다. 그것이 우리 교회가 해마다 가을이 오면 블레싱 축제를 열고 우리 주변에 잃어버린 영혼을 찾는 일에 힘쓰는 이유이기도 합니다. 세계적인 복음성가 가수 스티브 그린(Steve Green)이 만든 노래 중에 「사람들은 주가 필요해(People need the Lord)」라는 가사를 함께 기억하고 싶습니다.

"매일 스치는 사람들 내게 무얼 원하나
공허한 그 눈빛은 무엇으로 채우나
모두 자기의 고통과 두려움 가득
감춰진 울음소리 주님 들으시네"

이 울음소리를 듣고 한 영혼 한 영혼을 찾아 주께로 초대하는 이 계절이 되시기를 기대합니다. 주께서 그들을 바라보고 오늘도 말씀하십니다. "내가 그들을 아끼노라." 내가 그들을 아끼노라!

미가

# 1.
## 우리도 피할 수 없는 상처
### (미가 1:1-9)

¹유다의 왕들 요담과 아하스와 히스기야 시대에 모레셋 사람 미가에게 임한 여호와의 말씀 곧 사마리아와 예루살렘에 관한 묵시라 ²백성들아 너희는 다 들을지어다 땅과 거기에 있는 모든 것들아 자세히 들을지어다 주 여호와께서 너희에게 대하여 증언하시되 곧 주께서 성전에서 그리하실 것이니라 ³여호와께서 그의 처소에서 나오시고 강림하사 땅의 높은 곳을 밟으실 것이라 ⁴그 아래에서 산들이 녹고 골짜기들이 갈라지기를 불 앞의 밀초 같고 비탈로 쏟아지는 물 같을 것이니 ⁵이는 다 야곱의 허물로 말미암음이요 이스라엘 족속의 죄로 말미암음이라 야곱의 허물이 무엇이냐 사마리아가 아니냐 유다의 산당이 무엇이냐 예루살렘이 아니냐 ⁶이러므로 내가 사마리아를 들의 무더기 같게 하고 포도 심을 동산 같게 하며 또 그 돌들을 골짜기에 쏟아 내리고 그 기초를 드러내며 ⁷그 새긴 우상들은 다 부서지고 그 음행의 값은 다 불살라지며 내가 그 목상들을 다 깨뜨리리니 그가 기생의 값으로 모았은즉 그것이 기생의 값으로 돌아가리라

<sup>8</sup>이러므로 내가 애통하며 애곡하고 벌거벗은 몸으로 행하며 들개 같이 애곡하고 타조 같이 애통하리니 <sup>9</sup>이는 그 상처는 고칠 수 없고 그것이 유다까지도 이르고 내 백성의 성문 곧 예루살렘에도 미쳤음이라

제가 인생을 살아온 시간 동안 제 신앙과 사역에 중요한 영향을 끼친 두 분이 있습니다. 그들은 모두 책 속에서 만난 분들입니다. 두 사람 모두 영국분들입니다. 한 사람은 설교의 황태자라 일컬어진 찰스 스펄전이고 또 한 사람은 작가 C.S 루이스 교수입니다. 그런데 두 분의 공통점은 인생의 말년에 많은 육체적 정신적 고통을 겪어야 했다는 사실입니다. 스펄전은 육체의 통풍과 정신적인 우울증으로 고생했습니다. 그가 즐겨 읽었던 천로역정의 주인공이 절망의 감옥에 갇혀 죽음을 생각한 것처럼 자신의 영혼도 음울한 지하 감옥에 갇혀 있었다고 고백했습니다. "내가 가르친 사람들이 내 곁을 떠나는 배신감을 겪어야 했었다. 내가 섬겨 온 사람들로부터 이런 고통을 감내해야 한단 말인가"라고 그는 한탄하기도 했습니다. 그는 말년 사역의 3분의 1 되는 시간을 프랑스 망통이라는 요양지에서 보내야 했습니다. 그는 이런 편지를 남기기도 했습니다. "지난 화요일 설교를 하려고 애쓰다가 병세가 나를 붙들었다. 심한 우울증과 질식할 것 같은 압박감에 설교가 나에게 비극이 되고 말았다. 약을 두 배나 먹었는데도 반은 죽은 듯한

느낌이다." 왜, 이런 위대한 설교가가 이런 고통을 겪어야 했을까요? 질문이 생기지 않습니까?

또 한 사람, 『나니아 연대기(The Chronicles of Narnia)』의 작가 루이스 교수를 생각해 봅니다. 루이스 교수는 어느 날 20대에 나를 비켜 간 행복을 60대가 되어서 누릴 줄은 몰랐다고 고백합니다. 옥스퍼드의 노총각 교수가 자기 작품의 팬이었던 미국 여인과 사랑에 빠진 것입니다. 그는 둘이 나눈 사랑을 이렇게 묘사합니다. "우리 둘의 사랑은 경건한 사랑, 즐거운 사랑, 낭만적인 사랑 그리고 현실적인 사랑이었다. 어떤 때는 폭풍처럼 격렬하고 어떤 때는 부드러운 실내화를 신는 것 같은 감미로운 사랑이었다." 그러나 이런 사랑의 느낌은 오래가지 못합니다. 6개월 후 사랑하는 여인 조이가 넘어지면서 다리뼈가 몸을 지탱해 주지 못한 사고를 당한 것입니다. 그런데 이 사고로 그녀는 단순한 허벅지 골절만이 아닌 온몸에 퍼진 불치의 암을 지닌 것으로 판명됩니다. 그녀의 나이 마흔하나였습니다. 그럼에도 불구하고 루이스 교수는 그녀와 병상 결혼을 합니다. 그는 일기에 이런 기록을 남깁니다. "내 생애 가장 고통스러운 날 중 한 날이었다. 조이에게 사형선고가 내려졌고 이제 마지막은 시간문제이다." 루이스는 결혼과 동시에 아내와 고통을 함께하며 고통을 돌보며 『헤아려 본 슬픔(A Grief Observed)』이란 책을 남깁니다. "슬픔은 두려움과 아주 비슷한 느낌이라고 말해 준 사람은 아무도 없었다. 속이 울렁거리는 것이나 안절부절못하는 것이 똑같다. 입이 절로 벌어진다. 나는 계속 침을 삼킨다.”

위대한 믿음의 책을 저술한 믿음의 사람도 이런 고통을 피하지 못하는 것은 무엇 때문일까요?

이제 우리는 그 대답을 구약의 소선지서의 한 선지자인 미가에게서 찾고자 합니다. 유다 왕 요담과 아하스 히스기야 왕 3대에 이르러 쓰임 받은 유대의 시골 모레셋 출신 미가를 부르사 BC700년경 하나님은 당시 북사마리아와 남유다 예루살렘도 피할 수 없게 된 재앙을 예언하십니다.

> “유다의 왕들 요담과 아하스와 히스기야 시대에 모레셋 사람 미가에게 임한 여호와의 말씀 곧 사마리아와 예루살렘에 관한 묵시라” (미 1:1)

특히 9절을 주목해 읽으십시오.

> “이는 그 상처는 고칠 수 없고 그것이 유다까지도 이르고 내 백성의 성문 곧 예루살렘에도 미쳤음이니라” (미 1:9)

여기 '유다까지도' 그리고 '예루살렘에도'라는 표현을 주목하십시오. 하나님을 경배하는 성전이 있는 예루살렘 그리고 거기서 하나님을 섬기던 유대 백성들에게도 재앙과 상처가 예외가 아니었다는 것입니다. 이 말씀이 오늘을 사는 우리에게 시사하는 질문이 있습니다. 오늘날 하나님을 신뢰하고 하나님을 잘 섬기던 우리에게도 재앙과 상처가 예외가 아닌 이유는 왜, 무엇 때문입니까?

## 1. 우리도 동일한 허물과 죄를 범한 때문입니다.

> "이는 다 야곱의 허물로 말미암음이요 이스라엘 족속의 죄로 말미암음이라 야곱의 허물이 무엇이냐 사마리아가 아니냐 유다의 산당이 무엇이냐 예루살렘이 아니냐"
>
> (미 1:5)

여기서 중요한 두 개의 단어는 허물과 죄입니다. 허물이란 단어는 본래 하지 말아야 할 것을 한 것이고, 죄는 해야 할 것을 하지 못한 것입니다. 이 두 개의 중요한 단어는 미가서 전체를 통해 반복됩니다. 1장 13절, 3장 8절, 그리고, 6장 7절에도 동일하게 언급되고 있습니다. 그런데 특히 미가가 지적하는 것은 유다 백성들에게도 이 허물과 죄가 예외가 아니었다는 사실입니다. 북 왕국의 수도 사마리아가 우상숭배와 탐욕으로 부패한 것처럼 남 왕국 유다의 수도 예루살렘도 동일한 허물과 죄로 부패했다는 것입니다. 그래서 이제 재앙과 심판을 피할 수 없게 되었다는 것입니다.

이것은 오늘날 우리가 죄악으로 물든 세상을 말하지만 우리들 하나님의 백성들도 이 허물과 죄에서 예외가 아닌 상태를 말하고 있습니다. 그리고 이런 우리의 죄 된 모습은 인간 타락의 구조화된 실존이라고도 할 수 있습니다. 물론 하나님의 백성들 개개인 중 어떤 사람은 보다 성화된 삶을 살고 있고 어떤 사람은 그리스도인이라고 하면서도 이방인과 다르지 않은 세속적인 삶을 살고 있습니다. 그러나 보편적으로 그리스도인들도 세상에서 인생들이 경험하는 재앙에서 예외가 아닌 동일한 고통을 당하는 이유는 예수님의 구속 사역에도 불구하고 우리의 구속은 아직 완성되지 못한 때문입니다. 바울 사도는 이런 안타까운 실존을 로마서 8장 23절부터 24절에서 이렇게 증언합니다.

> "²³그뿐 아니라 또한 우리 곧 성령의 처음 익은 열매를 받은 우리까지도 속으로 탄식하여 양자 될 것 곧 우리 몸의 속량을 기다리느니라 ²⁴우리가 소망으로 구원을 얻었으매 보이는 소망이 소망이 아니니 보는 것을 누가 바라리요" (롬 8:23-24)

우리의 영혼은 분명히 구원되었고 성령을 모시고 살고 있지만 우리의 몸 곧 육체는 아직도 타락의 영향 아래 있어서 여전히 고통하고 탄식하고 있다는 것입니다. 그래서 결론은 무엇입니까?

> "만일 우리가 보지 못하는 것을 바라면 참음으로 기다릴지니라"
>
> (롬 8:25)

아직은 보이지 않는 주님의 다시 오심의 날, 우리의 온전한 회복의 날을 소망하며 참고 기다리면서 살라는 것입니다. 그러면 우리가 기다리고 참고 사는 동안 할 일이 무엇입니까?

## 2. 허물과 죄를 회개하며 은혜를 구해야 한다는 것입니다.

본문으로 돌아가 8절의 미가 선지의 말씀을 보겠습니다.

> "이러므로 내가 애통하며 애곡하고 벌거벗은 몸으로 행하며 들개 같이 애곡하고 타조 같이 애통하리니"
>
> (미 1:8)

이것은 당시의 하나님의 땅에 살고 있는 하나님의 백성들의 허물과 죄를 선지자가 대신 짊어지고 애통하고 애곡하는 것입니다. 일종의 대속적 회개라고 할 수 있습니다. 그리고 하나님의 긍휼과 인애를 구하는 것입니다.

> "주와 같은 신이 어디 있으리이까 주께서는 죄악과 그 기업에 남은 자의 허물을 사유하시며 인애를 기뻐하시므로 진노를 오래 품지 아니하시나이다" (미 7:18)

흥미로운 것은 미가라는 이름의 뜻이 '누가 여호와와 같으리오'라는 것입니다. 그는 자신의 이름의 뜻을 상기하며 하나님과 같이 사랑 많으시고 인애하신 분은 없음을 알고 그의 은혜, 그의 긍휼을 구하는 것입니다. 우리에게 아직도 허물과 죄가 많지만 주님 회개하오니 용서해 주시고 우리에게 살길을 열어 달라는 것입니다. 그것을 미가는 애곡하며 눈물로 호소하고 있는 것입니다. 그의 눈물의 탄원, 회개의 촉구는 어떤 결과를 가져왔을까요?

이미 이 설교의 화두에서 미가 선지자는 요담과 아하스, 히스기야 왕 3대에 걸친 사역이었다고 말씀을 드렸습니다. 정확하게 말하면 요담 왕 말기부터 사역을 시작했습니다. 그리고 약 15년이 지나갑니다. 미가의 선지적 사역, 그가 애통하고 애곡하며 호소하는 설교에도 불구하고 유다에는 어떤 변화의 징조도 보이지 않았습니다. 다행스러운 것은 아직 하나님의 심판과 재앙은 임하지 않았습니다. 그리고 히스기야 왕이 즉위하게 됩니다. 그는 남유다의 13대 왕입니다. 그가 왕이 되자마자 그는 예루살렘 성전을 수리합니다. 우상숭배하던 산당을 없앱니다. 앗수르 왕에게 공격을 받자 그는 선지자들에게 도움을 청하고 엎드려 기도합니다. 병들어 죽게 되었지만 그의 눈물의 기도로 생명을 15년이나 연장을 받습니다. 그리고 앗수르의 침략에서 조국을 지키는 사명을 다합니다(유명한 히스기야 터널을 만들어 수로를 확보합니다). 히스기야 시대는 일종의 영적 부흥의 시대였습니다. 오랫동안 외치고 호소하던 미가와 이사야 선지자들의 사역이 열매를 맺는 시기였습니다. 그러나 이런 열매를 맺기 위해서 미가 선지자만 해도 20년 이상의 기다림이 필요했습니다. 하나님은 선지자와 지도자 그리고 백성들의 눈물의 기도를 들으시고 재앙 대신 은혜를 베푸신 것입니다. 지금 우리에게도 이런 은혜가 필요하지 않습니까?

오늘 저는 이 설교의 화두에서 설교자 스펄전 목사와 작가 루이스 교수가 말년에 겪은 고통의 이야기를 들려드렸습니다. 그들은 이런 고통을 어떻게 직면하고 이겨 나갔을까요? 먼저 스펄전 목사의 이야기로 돌아가겠습니다.

스펄전 목사가 그의 강의 중에 자신의 우울증과 싸운 이야기를 고백합니다. "여러분, 성경에는 우리가 힘들거나 특별한 경험을 하기 전에는 이해하기 힘든 구절들이 많습니다. 며칠 전 저녁 저는 힘든 일과를 마치고 마차를 타고 집으로 가고 있었습니다. 몹시 지쳐 있었던 데다 심하게 우울했습니다. 그때 갑자기 고린도후서 12장 9절의 말씀이 떠올랐습니다.

"…내 은혜가 네게 족하도다…"　　　　　(고후 12:9)

집에 도착하여 다시 이 구절을 찾아 묵상했고 말씀이 다시 저에게 들렸습니다. "내 은혜가 네게 족하도다" 나는 "주님, 그렇군요"라고 응답했고 이어서 웃음을 터트렸고 그때까지 이해하지 못했던 아브라함의 거룩한 웃음을 이해하게 되었습니다. 이 말씀 앞에 나의 불신앙이 우스꽝스러웠습니다. "여러분, 우리 모두 큰 믿음의 사람이 되십시다. 작은 믿음은 우리의 영혼을 천국으로 인도하지만 큰 믿음은 천국을 우리의 영혼에 가져다줍니다."" 무엇이 고통 중에도 스펄전을 붙들어 그가 믿음의 사람으로 살게 한 것입니까? 하나님의 은혜입니다. 그렇다면 우리도 그 은혜를 구하십시오. 아니, 이미 그가 베푸시는 그 은혜 안에 거하십시오.

루이스 교수는 자기의 미국 신부 조이 그리샴(Joy Gresham)과 그녀가 6개월 정도밖에 살지 못할 것이라는 선고를 받은 채 병상 결혼식을 올렸다고 말씀을 드렸습니다. 그후 그녀의 곁에서 그녀를 간호하고 돌보면서 그가 체험한 은혜를 그는 『기도의 효험(The Efficacy of Prayer)』이라는 글에서 이렇게 고백합니다. "나는 이 여인의 침대 곁을 지키고 있어야 했다. 암이 허벅지 뼈를 갉아먹어 버리고 몸의 다른 많은 뼈에서도 암 덩어리가 자라고 있는 이 여인. 그녀를 침대에 옮겨 놓는 데 세 사람의 힘이 필요했다. 의사들은 남은 시간이 몇 달뿐이라고 했고, 간호사들은 몇 주라고 말하기도 했다. 그런데 어느 날 한 착한 성도가 와서 그녀에게 손을 얹고 기도해 주었다. 일 년 후 이 여인은 걷기 시작했다. 거친 숲속을 지나 나와 함께 오르막길도 걸었다. 마지막 엑스레이를 찍었던 사람이 말한다. '이 뼈들이 지금은 바위처럼 단단하네요! 기적입니다.'" 조이는 일시적이지만 치유의 은혜를 경험했고 루이스 교수는 그녀와 함께 2년 반 동안 회심의 기쁨 이후 또 한 번 Surprised by Joy(기쁨의 놀라움)를 경험하며 아일랜드와 그리스 여행까지 할 수 있었습니다(그리스 여행에서 돌아와 그녀의 병은 재발했지만 그녀는 평안 속에 눈을 감았습니다).

 루이스 교수는 종종 자신의 아내의 죽음 이후 그리고 자신의 죽음을 기다리며 자신이 쓴 책 『마지막 전투』의 제15장의 글이 자신의 궁극적 소망임을 고백하였다고 합니다. "드디어 집에 왔습니다. 여기가 진정한 내 나라입니다. 이곳이 내가 속

한 곳입니다. 지금까지는 모르고 있었지만 이곳은 평생 내가
찾아 헤매던 땅입니다." 이 분명한 소망이 있다면 우리는 세상
의 어떤 재앙, 어떤 고통 속에서도 낙심하거나 절망할 이유가
없습니다. 이 소망을 주시는 하나님을 미가 선지자는 자신의
이름으로 고백합니다. "여호와와 같으신 하나님이 또 어디에
있겠습니까?(Who is like God?)"

　이 하나님의 은혜, 이 하나님의 긍휼을 구하지 않으시겠습니까?

# 2.
## 우리의 계획, 그의 계획
### (미가 2:1-5)

¹그들이 침상에서 죄를 꾀하며 악을 꾸미고 날이 밝으면 그 손에 힘이 있으므로 그것을 행하는 자는 화 있을진저 ²밭들을 탐하여 빼앗고 집들을 탐하여 차지하니 그들이 남자와 그의 집과 사람과 그의 산업을 강탈하도다 ³그러므로 여호와의 말씀에 내가 이 족속에게 재앙을 계획하나니 너희의 목이 이에서 벗어나지 못할 것이요 또한 교만하게 다니지 못할 것이라 이는 재앙의 때임이라 하셨느니라 ⁴그 때에 너희를 조롱하는 시를 지으며 슬픈 노래를 불러 이르기를 우리가 온전히 망하게 되었도다 그가 내 백성의 산업을 옮겨 내게서 떠나게 하시며 우리 밭을 나누어 패역자에게 주시는도다 하리니 ⁵그러므로 여호와의 회중에서 분깃에 줄을 댈 자가 너희 중에 하나도 없으리라

바야흐로 지금은 한 해를 돌아보며 지나간 시간을 결산하고 새해를 계획해야 할 때입니다. 위대한 계획은 위대한 비전을

필요로 합니다. 과거 미국의 대통령 중에 닉슨(1969-1974)이란 분이 있었는데 하루는 자기의 주방장과 대화를 나누다가 케네디 대통령(1961-1963)에 대한 대화를 나누게 되었다고 합니다. 당신은 케네디를 어떻게 생각하느냐고 물었다고 합니다. 닉슨은 공화당이었는데 케네디는 민주당이었고 케네디가 워낙 인기 정상에서 암살을 당한지라 닉슨은 그에게 열등감을 가지고 있었다고 합니다. 그는 쿠바 출신의 주방장이 케네디에게 안 좋은 인상을 갖고 있으리라고 가정하고 말을 걸었는데 뜻밖에 주방장은 케네디에 대하여 이런 말을 했다고 합니다. "그는 우리 모두에게 하늘의 별을 바라보게 한 사람이 아닌가요?"

'하늘의 별을 바라보게 하는 사람', 이런 사람을 우리는 '비저너리(visionary)'라고 합니다. 그러나 비전은 구체적인 계획 없이는 아무것도 성취할 수 없습니다. 케네디 대통령이 뉴 프런티어의 비전을 선언했을 때 미국과 세상의 많은 젊은이들이 감동을 받았습니다. 그는 미국이 10년 내에 달에 인공위성을 보낼 것을 선언했습니다. 케네디는 비전만 선언한 것이 아니라 이렇게 이어 국민 앞에 말했습니다. "향후 10년 내에 달에 사람을 보냈다가 무사히 지구에 돌아오게 하는 목표를 달성하려면 온 국민이 힘을 모아야 합니다. 인류 역사상 이보다 더 인상적인 우주개발 프로젝트는 없을 것입니다. 이는 장기적인 계획을 필요로 합니다. 아무리 힘들고 아무리 비용이 많이 들어도 우리는 반드시 이 비전을 이루어야 합니다." 그리고 닐 암스트롱이 1969년 달에 첫발을 내딛는 순간 케네디의 비전은 이루어졌습니다. 그러나 이 비전은 치밀한 헌신자들의 계획을 통해 이루어진 것을 잊어서는 안 됩니다.

오늘 우리가 함께 읽은 미가서 2장 본문에도 '계획'이란 단어가 두 번 나옵니다. 우선 1절은 이렇게 시작됩니다. "그들이 침상에서 죄를 꾀하며…." 여기 꾀한다는 말이 계획한다는 말입니다. 사람들이 plan iniquity(NIV, 죄악을 계획한다)라고 말한 것입니다. 그런데 3절에 보면 "그러므로 여호와의 말씀에 내가 이 족속에게 재앙을 계획하나니"라고 했습니다. 사람들도 계획하고 하나님도 계획하십니다. 그래서 오늘의 설교 제목이 「우리의 계획, 그의 계획(Our plan, His Plan)」입니다. 이 말씀을 통해 우리는 무엇을 계획하고 어떻게 계획할 것인가를 살펴보고자 합니다. 어떤 사람은 자신은 아무것도 계획하지 않고 산다고 말합니다. 그러나 무계획도 하나의 계획입니다. 리더십 연구가 존 맥스웰은 "아무것도 계획하지 않는 것은 결국 실패를 계획하는 것이다"라고 했습니다. 문제는 무엇을, 어떻게 계획하느냐는 것입니다. 그리고 누가 무엇을 근거로 계획하느냐의 문제입니다.

## 1. 먼저, 우리의 계획을 살펴봅니다.

> "¹그들이 침상에서 죄를 꾀하며 악을 꾸미고 날이 밝
> 으면 그 손에 힘이 있으므로 그것을 행하는 자는 화
> 있을진저 ²밭들을 탐하여 빼앗고 집들을 탐하여 차지
> 하니 그들이 남자와 그의 집과 사람과 그의 산업을 강
> 탈하도다"                                          (미 2:1-2)

한마디로 죄와 악을 계획하고 있다는 것입니다. 그리고 이런
죄악된 계획의 모티브는 탐욕입니다. 탐욕으로 이웃들의 것을
빼앗을 계획을 하고 있다는 것입니다. 불로소득을 계획하고
있다는 것입니다. 탐욕 혹은 탐심은 십계명의 마지막 계명을
범하는 죄악입니다.

> "네 이웃의 집을 탐내지 말라 네 이웃의 아내나 그의
> 남종이나 그의 여종이나 그의 소나 그의 나귀나 무릇
> 네 이웃의 소유를 탐내지 말라"                     (출 20:17)

신약성경에서 사도 바울은 탐심이 우상숭배(골 3:5)의 본질
이라고 말합니다. 우상숭배가 무엇입니까? 하나님보다 더 사랑
하고 갈망하는 모든 것, 그것 때문에 하나님을 사랑하고 하나님
에게 나아오는 일에 방해가 되는 일체의 것이 다 우상이지요.

그러므로 우리가 무엇을 계획할 때 그 계획의 밑바탕에 나의 탐심이 작동하고 있는 것은 아닌지를 먼저 살펴야 합니다. 누가복음 12장에 예수께서 말씀하신 어리석은 부자의 비유를 기억하십니까? 이 비유를 말씀하신 동기가 누가복음 12장 15절부터 18절입니다.

> "15그들에게 이르시되 삼가 모든 탐심을 물리치라 사람의 생명이 그 소유의 넉넉한 데 있지 아니하니라 하시고 16또 비유로 그들에게 말하여 이르시되 한 부자가 그 밭에 소출이 풍성하매 17심중에 생각하여 이르되 내가 곡식 쌓아둘 곳이 없으니 어찌할까 하고 18또 이르되 내가 이렇게 하리라 내 곳간을 헐고 더 크게 짓고 내 모든 곡식과 물건을 거기 쌓아 두리라"
>
> (눅 12:15-18)

이런 탐욕에 바탕을 둔 계획은 그날 밤 그를 찾아오신 하나님의 한마디로 무산됩니다.

> "하나님은 이르시되 어리석은 자여 오늘 밤에 네 영혼을 도로 찾으리니 그러면 네 준비한 것이 누구의 것이 되겠느냐 하셨으니"
>
> (눅 12:20)

그러므로 우리가 무엇인가를 계획할 때 먼저 마음에 둘 것은 하나님이십니다. 그리고 이 하나님 앞에서 하나님 보시기에 우리의 계획에 부당한 탐심이 개입되지 않도록 유의해야 할 것입니다.

## 2. 이젠, 그의 계획(His plan)을 살펴봅니다.

죄악을 계획하는 당시의 사람들을 향하신 하나님의 계획은 무엇입니까? 3절의 말씀입니다.

> "그러므로 여호와의 말씀에 내가 이 족속에게 재앙을 계획하나니 너희의 목이 이에서 벗어나지 못할 것이요 또한 교만하게 다니지 못할 것이라 이는 재앙의 때임이라 하셨느니라" (미 2:3)

죄악을 계획하던 당시의 사람들에 대하여 하나님은 재앙을 계획하신다고 말씀하십니다. 그리고 이런 죄악에 빠진 사람들은 하나님의 백성의 분깃을 얻을 자격이 없다고 말씀하십니다. 5절을 보십시오.

> "그러므로 여호와의 회중에서 분깃에 줄을 댈 자가 너희 중에 하나도 없으리라" (미 2:5)

여기 하나님도 계획하시는 분으로 등장합니다. 사실 인간이 계획하는 존재임은 하나님을 닮았기 때문입니다. 기독교 세계관을 연구하는 학자들은 성경에서 역사에 대한 하나님의 계획을 크게 네 가지로 나누어 설명합니다. 창조와 타락과 구원, 그리고 회복입니다. 하나님은 창조를 계획하시고, 타락을 아시고 그 처방을 계획하시고 예수 그리스도를 통한 구원을 계획하셨으며, 예수 그리스도의 재림을 통한 온전한 역사의 회복을 계획하셨다는 것입니다.

그리고 그의 온전한 회복을 위해서 또한 그는 심판을 계획하시는 하나님이시라고 말합니다. 인류의 역사의 곳곳에는 언제나 그의 심판들과 구원들이 있어 왔습니다. 그가 정의로운 분이시기에 그는 심판하시고 그가 사랑이시기에 구원하시는 때문입니다. 그러나 마지막 심판과 마지막 구원을 통해 그는 역사를 회복하고 완성하실 것입니다. 미가 선지자가 사역할 그 시대에도 하나님은 동일하게 일하고 계셨습니다. 죄 중에 빠진 유다 백성들에게 재앙과 심판을 계획하신 것입니다. 그러나 이 재앙과 심판이 그의 본심은 아니었습니다. 예레미야애가 3장 33절을 보십시오.

"주께서 인생으로 고생하게 하시며 근심하게 하심은 본심이 아니시로다" (애 3:33)

어쩔 수 없는 심판을 행하시면서도 심판 건너편에서 회복을 계획하시는 하나님이 곧 성경의 하나님이신 것입니다. 예레미야 29장 11절을 보십시오.

> "여호와의 말씀이니라 너희를 향한 나의 생각은 내가
> 아나니 평안이요 재앙이 아니니라 너희에게 미래와
> 희망을 주는 것이니라"                          (렘 29:11)

그러므로 우리가 미래를 계획할 때 역사의 주인 되신 하나님의 뜻을 따라 계획한다는 것은 매우 중요한 일입니다. 야고보서 4장 13절은 이렇게 시작됩니다.

> "들으라 너희 중에 말하기를 오늘이나 내일이나 우리
> 가 어떤 도시에 가서 거기서 일 년을 머물며 장사하여
> 이익을 보리라 하는 자들아"                     (약 4:13)

그는 아마도 사업하는 비즈니스맨이었습니다. 어떤 도시에 진출하여 1년간의 사업 아이템을 계획한 것입니다. 그런데 같은 장 16절에서 성경은 이런 계획이나 자랑을 '허탄한 자랑'이라고 합니다. "이제 너희가 허탄한 자랑을 하니 그러한 자랑은 다 악한 것이라" 어떤 번역은 이 단어를 'insolent boasting' 건방진 계획 혹은 전적으로 자기중심의 계획을 뜻하는 말로

번역합니다. 이런 사람들에게 주님은 어떻게 말씀하십니까? 다시 야고보서 4장 14절을 보십시오.

> "내일 일을 너희가 알지 못하는도다 너희 생명이 무엇이냐 너희는 잠깐 보이다가 없어지는 안개니라"
>
> (약 4:14)

이 말이 우리가 그러면 어떤 계획도 하지 말고 살라는 의미입니까? 아닙니다. 이제 야고보서 4장 15절을 보십시오.

> "너희가 도리어 말하기를 주의 뜻이면 우리가 살기도 하고 이것이나 저것을 하리라 할 것이거늘" (약 4:15)

문제는 주의 뜻을 따라 계획할 수 있어야 한다는 것입니다. 여호와 하나님이 우리 인생의 주인이시라면 당연하게 주인 된 그의 뜻을 따라 삶을 계획함이 타당할 것입니다. 옛날 우리 신앙의 선배들은 라틴어로 Deo Volente/God willing "하나님의 뜻이면"이란 단어를 자주 사용했습니다. 바울 사도도 사도행전 18장 21절에서 "작별하여 이르되 만일 하나님의 뜻이면 너희에게 돌아오리라"라고 고백하고 있습니다. 이런 말씀에 근거하여 하나님의 뜻을 따라 한 해의 계획을 세우는 성도다운 실천의 가이드라인을 제시해 보고자 합니다.

\* 하나님의 뜻을 따라 한 해의 계획 세우기

**1) 우선 새해에 우리가 갈망하는 소원들을 열거하십시오.**

빌립보서 2장 13절에는 "너희 안에서 행하시는 이는 하나님이시니 자기의 기쁘신 뜻을 위하여 너희에게 소원을 두고 행하게 하시나니"라고 했습니다.

**2) 그 소원들이 하나님의 뜻에 따른 선한 소원들인가를 점검하십시오.**

잠언 13장 15절에 "선한 지혜는 은혜를 베푸나 사악한 자의 길은 험하니라"라고 했습니다.

**3) 그 선한 소원들 중에 우선순위를 따라 중요한 것부터 순위를 매겨 보십시오.**

마태복음 6장 33절에 "그런즉 너희는 먼저 그의 나라와 그의 의를 구하라 그리하면 이 모든 것을 너희에게 더하시리라"라고 했습니다. 긴급한 일이 중요한 일은 아닐 수 있습니다.

**4) 그 소원 중에는 육체를 위한 쉼의 계획도 포함하십시오.**

고린도전서 6장 19절부터 20절에 "너희 몸은 너희가 하나님께로부터 받은바 너희 가운데 계신 성령의 전인 줄을 알지 못하느냐 너희는 너희 자신의 것이 아니라 값으로 산 것이 되었으니 그런즉 너희 몸으로 하나님께 영광을 돌리라"라고 했습니다.

**5) 특히 우리에게 맡겨 주신 가족들을 돌아볼 의미 있는 계획을 세워 보십시오.**

디모데전서 5장 8절에 "누구든지 자기 친족 특히 자기 가족을 돌보지 아니하면 믿음을 배반한 자요 불신자보다 더 악한 자니라"라고 했습니다.

**6) 이제 이 모든 계획 중에 주께서 앞서가시며 인도해 주시기를 구하십시오.**

요한복음 10장 4절에 "자기 양을 다 내놓은 후에 앞서가면 양들이 그의 음성을 아는 고로 따라오되"라고 가르치십니다.

**7) 무엇보다 매사에 그분의 임재와 인도를 구하십시오.**

잠언 3장 6절에 "너는 범사에 그를 인정하라 그리하면 네 길을 지도하시리라"라고 약속하십니다.

하나님의 뜻을 따라 살고자 하는 이들에게 미가 선지자는 미가 2장 12절부터 13절에서 두 가지를 언약하십니다.

> "12야곱아 내가 반드시 너희 무리를 다 모으며 내가 반드시 이스라엘의 남은 자를 모으고 그들을 한 처소에 두기를 보스라의 양떼같이 하며 초장의 양떼 같이 하리니 사람들이 크게 떠들 것이며 13길을 여는 자가 그들 앞에 올라가고 그들은 길을 열어 성문에 이르러서는 그리로 나갈 것이며 그들의 왕이 앞서 가며 여호와께서는 선두로 가시리라" (미 2:12-13)

아멘!

# 3.
## 끝날의 메시아 비전
### (미가 4:1-5)

¹끝날에 이르러는 여호와의 전의 산이 산들의 꼭대기에 굳게 서며 작은 산들 위에 뛰어나고 민족들이 그리로 몰려갈 것이라 ²곧 많은 이방 사람들이 가며 이르기를 오라 우리가 여호와의 산에 올라가서 야곱의 하나님의 전에 이르자 그가 그의 도를 가지고 우리에게 가르치실 것이니라 우리가 그의 길로 행하리라 하리니 이는 율법이 시온에서부터 나올 것이요 여호와의 말씀이 예루살렘에서부터 나올 것임이라 ³그가 많은 민족들 사이의 일을 심판하시며 먼 곳 강한 이방 사람을 판결하시리니 무리가 그 칼을 쳐서 보습을 만들고 창을 쳐서 낫을 만들 것이며 이 나라와 저 나라가 다시는 칼을 들고 서로 치지 아니하며 다시는 전쟁을 연습하지 아니하고 ⁴각 사람이 자기 포도나무 아래와 자기 무화과나무 아래에 앉을 것이라 그들을 두렵게 할 자가 없으리니 이는 만군의 여호와의 입이 이같이 말씀하셨음이라 ⁵만민이 각각 자기의 신의 이름을 의지하여 행하되 오직 우리는 우리 하나님 여호와의 이름을 의지하여 영원히 행하리로다

저는 영화관에만 들어가면 입신하는 습관이 있습니다. 영화관의 조용한 분위기가 저에게 피로를 풀어 주고 밀렸던 잠을 재촉합니다. 그래서 가끔은 영화의 내용을 놓치고 극장을 나오며 괜히 보았다는 후회가 들 때가 있습니다. 그래서 최근에는 영화를 보기 전에 미리 줄거리를 읽고 들어갑니다. 그러면 중간중간에 잠깐씩 졸아도 내용을 놓치지 않고 따라가게 됩니다. 결말을 알기 때문에 마음을 졸이거나 크게 흥분할 필요도 없습니다. 물론 기대치나 흥분지수는 훨씬 미약할 수 있습니다. 책을 읽을 때도 미리 목차를 읽고 결론 부분을 읽고 독서를 시작할 때가 많습니다. 마찬가지로 결론을 알기 때문에 편안한 마음으로 독서하게 됩니다. 그러나 긴장감이나 모험감이 많이 감소하는 것은 어쩔 수 없는 일입니다. 그러나 결론을 알 때의 장점을 알기에 평화로운 독서 시간을 가질 수 있어 버릴 수 없는 습관입니다.

본문은 메시아가 오심으로 역사의 끝날에 이루어질 비전을 보여 주고 있습니다. 유대인들은 메시아가 오심으로 이 비전이 비로소 현실이 될 것을 아직도 믿고 있습니다. 그리스도인들은 메시아 되신 예수께서 오심으로 이 비전의 실현이 시작되어 예수께서 다시 오시는 날 이 메시아 통치의 비전이 완벽하게 실현될 소망을 갖고 살아갑니다. 사실 이 약속은 미가서 1장에서 시작하여 4장 본문에서 절정을 이루고 있습니다. 미가서 처음 장에서 3장까지 상당한 부분은 예루살렘의 파괴와 시온의 멸망을 배경으로 한 심판의 예언입니다. 그러나 역설적으로 아브라함의 혈통적 이스라엘이 무너지면서 새로운 영적 이스라엘의 나라 곧 메시아가 통치하는 나라, 진정한 하나님의 나라가 시작될 것임을 예언하고 있습니다.

신학자들은 이것을 '종말론적 비전'이라고 말합니다. 우리는 흔히 종말 하면 역사의 마지막에 일어날 비극적 재앙을 연상합니다. 그러나 실상 역사의 종말은 역사의 시작 되신 분이 역사를 그의 섭리 안에 완성하는 장엄하고 아름다운 순간입니다. 본문 4장 1절은 '끝날에'라는 단어로 시작합니다. 영어 성경 NIV는 'In the last days'라고 번역합니다. 이 말은 창세기 1장 1절의 '태초에(In the beginning)'라는 말과 대조를 형성합니다. 역사를 시작하신 분이 이제 역사의 끝날에 역사를 완성하는 그 비전을 보여 주고자 하는 것입니다. 이천 년 전 이 땅에 하나님의 아들 예수의 오심을 히브리서 1장 2절에 보면 "이 모든 날 마지막에는 아들을 통하여 우리에게 말씀하셨으니"라고 말합니다. 그가 오셨을 때 그 역사를 완성하시려는 마지막이 이미 시작된 것입니다. 그리고 그분의 다시 오심은 마지막의 마지막 순간이 될 것입니다.

그러면 과연 메시아의 오심으로 이루어질 끝날의 비전은 무엇입니까?


## 1. 예배의 비전입니다.

"¹끝날에 이르러는 여호와의 전의 산이 산들의 꼭대기
에 굳게 서며 작은 산들 위에 뛰어나고 민족들이 그리
로 몰려갈 것이라 ²곧 많은 이방 사람들이 가며 이르
기를 오라 우리가 여호와의 산에 올라가서 야곱의 하
나님의 전에 이르자 그가 그의 도를 가지고 우리에게
가르치실 것이니라 우리가 그의 길로 행하리라 하리
니 이는 율법이 시온에서부터 나올 것이요 여호와의
말씀이 예루살렘에서부터 나올 것임이라"     (미 4:1-2)

"²말일에 여호와의 전의 산이 모든 산꼭대기에 굳게
설 것이요 모든 작은 산 위에 뛰어나리니 만방이 그
리로 모여들 것이라 ³많은 백성이 가며 이르기를 오라
우리가 여호와의 산에 오르며 야곱의 하나님의 전에
이르자 그가 그의 길을 우리에게 가르치실 것이라 우
리가 그 길로 행하리라 하리니 이는 율법이 시온에서
부터 나올 것이요 여호와의 말씀이 예루살렘에서부터
나올 것임이니라"                          (사 2:2-3)

이 말씀은 미가와 동시대의 선지자인 이사야에 의해 동일하게 예언된 말씀이기도 합니다. 여기서 '산'이란 성전 산을 의미합니다. 지금도 예루살렘에 가면 세 개의 산이 있는데 하나는 감람산, 또 하나는 시온산 그리고 성전 산이 있습니다. 성전 산이라는 명칭은 과거 성전 산에 성전이 세워져 있다는 점에서 유래되었습니다. 그러므로 이 산에 오르자는 말은 성전에 올라 여호와 하나님을 예배하자는 말입니다. 그것이 어떻게 종말의 비전이 된다는 말입니까? 여기서 중요한 강조는 예배 자체가 아니라 많은 민족들과 이방 사람들이 유대인들과 함께 여호와 하나님을 예배하게 된다는 말입니다. 오직 유대인들만이 선민이고 그들만이 여호와 하나님을 예배한다고 믿은 사람들에게 이 예언은 대단한 충격적인 말씀이었을 것입니다.

신약 에베소서에서는 이방인들의 존재를 이렇게 묘사합니다.

"그 때에 너희는 그리스도 밖에 있었고 이스라엘 나라 밖의 사람이라 약속의 언약들에 대하여는 외인이요 세상에서 소망이 없고 하나님도 없는 자이더니"

(엡 2:12)

그런데 다음 절에 나타난 놀라운 기적의 증언을 보십시오.

"이제는 전에 멀리 있던 너희가 그리스도 예수 안에서
그리스도의 피로 가까워졌느니라"                (엡 2:13)

그리고 이제 에베소서 2장 18절의 증언을 들어 보십시오.

"이는 그로 말미암아 우리 둘(유대인과 이방인)이 한
성령 안에서 아버지께 나아감을 얻게 하려 하심이라"               (엡 2:18)

무슨 말입니까? 유대인과 이방인이 함께 예수 그리스도를
통해 하나님 아버지를 예배하게 되었다는 말입니다. 그런데
더 놀라운 일은 단순히 이방인이 아니라 모든 민족이 함께 하
나님을 예배하게 된다는 것입니다. 이 종말의 비전을 극적으
로 드러낸 말씀이 요한계시록에 기록되어 있습니다.

"[9]이 일 후에 내가 보니 각 나라와 족속과 백성과 방언
에서 아무도 능히 셀 수 없는 큰 무리가 나와 흰 옷을
입고 손에 종려 가지를 들고 보좌 앞과 어린 양 앞에
서서 [10]큰 소리로 외쳐 이르되 구원하심이 보좌에 앉
으신 우리 하나님과 어린 양에게 있도다 하니"               (계 7:9-10)

이것이 바로 종말의 비전이고, 이 비전이 메시아 되신 예수님의 오심으로 시작된 것입니다.

아직 이 땅에서 드리는 예배는 민족들과 언어들로 분리되어 있고 지역과 교파로 분리되어 있습니다. 그런 의미에서 우리는 아직도 완전한 예배의 영광을 체험하지 못하고 있는 것입니다. 아주 가끔 우리가 선교지에 가서 다른 민족들과 교파를 초월하여 예배하며 아주 특별한 하나님의 임재와 영감을 체험하는 순간들이 있습니다. 그런 순간들이 종말론적 비전의 축소판 혹은 예고판을 체험하는 것입니다. 우리 교회 내에도 영어, 일어, 중국어 등 다민족 다인종 예배들이 드려지고 있습니다. 나는 우리가 아주 가끔이라도 이런 예배에 참여하여 종말론적 비전을 경험하는 하나님 나라 성도들이 되었으면 합니다. 영원한 천국의 삶을 연습하는 것입니다.


## 2. 말씀의 비전입니다.

끝날의 비전 두 번째는 말씀의 비전 혹은 토라 비전이라고 할 수 있습니다.
본문 4장 2절 하반부에 "…그가 그의 도를 가지고 우리에게 가르치실 것이니라 우리가 그의 길로 행하리라 하리니 이는 율법이 시온에서부터 나올 것이요 여호와의 말씀이 예루살렘에서부터 나올 것임이라"라고 하신 그 약속의 실현입니다. 예수님은 산상수훈에서 이렇게 선언하십니다.

> "내가 율법이나 선지자를 폐하러 온 줄로 생각하지 말라 폐하러 온 것이 아니요 완전하게 하려 함이라"
>
> (마 5:17)

이제 예수님이 오시고 사람들이 예수님의 말씀 가운데 거하게 됨으로 이 토라 비전, 말씀 비전이 이루어지게 된 것입니다. 따라서 '그가 그의 도를 가지고 가르치시리니'라는 이 말씀이 바로 메시아 되신 예수님을 지칭하는 예언의 말씀인 것입니다. 아직은 이 땅에 많은 사람들이 주님의 말씀을 거슬러 살고 있습니다. 그러나 그가 다시 오시는 날 사람들은 오직 하나의 하나님의 법인 그의 말씀을 받고 순종하며 살 것입니다. 그곳이 바로 완성된 천국입니다. 우리는 그 종말론적 비전을 바라고 살고 있는 것입니다.

오늘 이 세상은 하나님의 법을 거스르고 역행하는 세상입니다. 그러나 이런 세상의 조류 때문에 낙심하거나 절망할 필요가 없습니다. 마지막 때의 혼돈은 이미 성경에 예언되어 있습니다. 요한계시록을 보면 "…이는 마귀가 자기의 때가 얼마 남지 않은 줄을 알므로 크게 분내어 너희에게 내려갔음이라"(계 12:12)라고 말합니다. 그것이 종말론적 혼돈의 원인이라고 말합니다. 그러나 이런 종말론적 혼돈은 주께서 다시 오시는 날 종말론적 비전의 실현으로 바뀔 것입니다. 바울도 "말세에 고통하는 때가 이를 것"(딤후 3:1)이라고 말하면서 이 시대를 사는 주의 백성들에게 이렇게 권면합니다.

> "12무릇 그리스도 예수 안에서 경건하게 살고자 하는 자는 박해를 받으리라 13악한 사람들과 속이는 자들은 더욱 악하여져서 속이기도 하고 속기도 하나니 14그러나 너는 배우고 확신한 일에 거하라…"  (딤후 3:12-14)

그리고 디모데후서 4장에서는 이렇게 말합니다.

> "너는 말씀을 전파하라 때를 얻든지 못 얻든지 항상 힘쓰라 범사에 오래 참음과 가르침으로 경책하며 경계하며 권하라"  (딤후 4:2)

이런 가르침으로 마침내 온 세상이 새롭게 되는 날, 그것이 우리가 예수님의 다시 오심을 기다리는 이유입니다.

이런 비전이 이루어지기 위해 우리가 할 일은 무엇입니까? 다시 이천 년 전 이 땅에 오신 예수님의 마지막 부탁의 말씀으로 돌아가십시오.

> "[19]그러므로 너희는 가서 모든 민족을 제자로 삼아 아
> 버지와 아들과 성령의 이름으로 세례(침례)를 베풀고
> [20]내가 너희에게 분부한 모든 것을 가르쳐 지키게 하
> 라 볼지어다 내가 세상 끝날까지 너희와 항상 함께 있
> 으리라 하시니라"                         (마 28:19-20)

이 지상명령 곧 예수님의 위대한 명령(Great Commission)
안에 말씀을 가르침이 포함된 것을 기억하십시다. 땅 끝 모든
민족들이 복음을 듣고 말씀 안에 거하는 그날이 바로 이 토라
비전이 완성되는 날인 것입니다. 오늘 지금 이 말씀을 경청하
고 순종함이 그 비전을 향해 다가서는 시작입니다. 토라 비전
의 완성을 향한 한 걸음입니다.


## 3. 평화의 비전입니다.

종말론적 끝날의 마지막 비전은 평화의 비전 혹은 샬롬의
비전입니다. 본문 3절의 말씀이 바로 그 약속입니다.

"그가 많은 민족들 사이의 일을 심판하시며 먼 곳 강한 이방 사람을 판결하시리니 무리가 그 칼을 쳐서 보습을 만들고 창을 쳐서 낫을 만들 것이며 이 나라와 저 나라가 다시는 칼을 들고 서로 치지 아니하며 다시는 전쟁을 연습하지 아니하고"                (미 4:3)

이사야는 이런 평화의 비전을 이렇게 예언합니다.

"⁶그 때에 이리가 어린 양과 함께 살며 표범이 어린 염소와 함께 누우며 송아지와 어린 사자와 살진 짐승이 함께 있어 어린 아이에게 끌리며 ⁸젖 먹는 아이가 독사의 구멍에서 장난하며 젖 뗀 어린 아이가 독사의 굴에 손을 넣을 것이라"                (사 11:6, 8)

히브리 사람들이 이 구절에 근거해 부르는 민요를 우리 시대에 우리는 우리 식의 복음성가로 이렇게 샬롬의 비전을 노래했습니다.

"사막에 샘이 넘쳐흐르리라 사막에 꽃이 피어 향내 내리라
주님이 다스릴 그 나라가 되면은 사막이 꽃동산 되리
사자들이 어린 양과 뛰놀고 어린이도 함께 뒹구는
참사랑과 기쁨의 그 나라가 이제 속히 오리라

사막에 숲이 우거지리라 사막에 예쁜 새들 노래하리라
독사 굴에 어린이가 손 넣고 장난쳐도 물지 않는
참사랑과 기쁨의 그 나라가 이제 속히 오리라"

이런 평화의 비전은 예수님이 이 땅에 오실 때 천사들의 노래로 선포되었습니다.

"지극히 높은 곳에서는 하나님께 영광이요 땅에서는
하나님이 기뻐하신 사람들 중에 평화로다" (눅 2:14)

그러나 이 평화의 주인 된 메시아를 영접하지 못한 세상은 완전한 평화의 실현을 위해 그분의 다시 오심을 기다려야 하는 세상이 되었습니다. 평화의 실현 대신 아직도 전쟁과 싸움으로 서로를 죽이는 어두운 세상을 바라보며 평화의 왕 예수님은 울고 계신다고 성경은 기록합니다. 누가복음 19장 41절은 예수님을 영접하기를 거절한 예루살렘 성을 바라보시며 울고 계신 모습을 기록합니다.

"[41]가까이 오사 성을 보시고 우시며(그 자리에 Dominus Flevit Church[눈물 교회]가 서 있음) [42]이르시되 너도 오늘 평화에 관한 일을 알았더라면 좋을 뻔하였거니와 지금 네 눈에 숨겨졌도다" (눅 19:41-42)

예수님 당시 사람들이 그분이 바로 평화의 왕이시고 그분을 영접함이 평화의 시작인 것을 모르는 사람들로 인하여 안타까워하신 것입니다. 로마의 가이사나 헤롯왕이 평화를 주는 자가 아님을 깨닫지 못한 것입니다. 지금은 다를까요? 미국 대통령이나 한국 대통령, 그리고 북한 지도자가 한반도에 평화를 주는 자가 아님을 우리는 알고 있을까요?

그래서 중세기부터 그리스도의 교회는 성탄의 계절이 되면 그레고리안 찬트로 오실 메시아에 대한 소망이 우리의 소망이 될 것을 노래하였습니다.

> "1절) 곧 오소서 임마누엘 오 구하소서 이스라엘
> 그 포로생활 고달파 메시야 기다립니다
> 기뻐하라 이스라엘 곧 오시리 오 임마누엘
>
> 3절) 곧 오소서 소망의 주 만백성 한 맘 이루어
> 시기와 분쟁 없애고 참 평화 채워 주소서
> 기뻐하라 이스라엘 곧 오시리 오 임마누엘"
>
> (찬104장)

메리 크리스마스!

# 4.
## 베들레헴의 기적
### (미가 5:1-5)

¹딸 군대여 너는 떼를 모을지어다 그들이 우리를 에워쌌으니 막대기로 이스라엘 재판자의 뺨을 치리로다 ²베들레헴 에브라다야 너는 유다 족속 중에 작을지라도 이스라엘을 다스릴 자가 네게서 내게로 나올 것이라 그의 근본은 상고에, 영원에 있느니라 ³그러므로 여인이 해산하기까지 그들을 붙여 두시겠고 그 후에는 그의 형제 가운데에 남은 자가 이스라엘 자손에게로 돌아오리니 ⁴그가 여호와의 능력과 그의 하나님 여호와의 이름의 위엄을 의지하고 서서 목축하니 그들이 거주할 것이라 이제 그가 창대하여 땅 끝까지 미치리라 ⁵이 사람은 평강이 될 것이라 앗수르 사람이 우리 땅에 들어와서 우리 궁들을 밟을 때에는 우리가 일곱 목자와 여덟 군왕을 일으켜 그를 치리니

　기독교 신학의 출발점은 '계시(Revelation)'에 있습니다. 하나님이 당신 자신이 어떤 분이시며 어떤 일을 하고 계시냐를

보여 주셨기 때문에 우리는 하나님을 알고 믿을 수 있다는 것입니다. 이 하나님이 스스로를 '보여 주심'의 사건을 우리는 '계시'라고 말합니다. 그런데 신학에서는 이 계시를 다시 둘로 나누어 설명합니다. '일반 계시(General Revelation)'와 '특별 계시(Special Revelation)'가 그것입니다. 일반 계시는 하나님께서 신자 아닌 사람에게도 일반적으로 보여 주신 것입니다. 예컨대 예수께서 마태복음 5장 45절에서 하나님은 "···해를 악인과 선인에게 비추시며 비를 의로운 자와 불의 한 자에게 내려 주심이라"라고 말씀하십니다. 자연은 신자나 불신자, 의인과 악인에게 동일하게 베푸시는 하나님의 은총입니다. 그래서 이런 자연현상을 일반 계시 혹은 일반 은총이라고 부릅니다. 그러나 타락한 인간은 이런 자연현상만으로 하나님을 알고 믿고 구원받을 수는 없었기에 하나님의 특별한 계시가 필요했다고 신학은 가르칩니다.

기독교 신학은 다시 하나님의 특별 계시로 대표적인 두 가지를 열거합니다. 하나가 성경이고 또 하나가 기적입니다. 하나님의 하나님 되심을 특별하게 보여 주시고 알려 주시기 위한 특별 계시의 방편이 곧 '성경과 기적'이라는 것입니다. 성령의 감동으로 기록된 말씀을 통해서만 우리는 참되고 살아 계신 하나님이 누구이시며, 그 하나님이 만드신 인간의 창조된 존재와 타락한 존재로서의 참된 실존이 무엇인가를 알게 되고, 그런 죄인 된 인간의 구원의 길을 오직 성경을 통해서만 알게 된다는 것입니다. 그리고 이런 하나님의 특별한 계시의 진정성을 입증하시기 위해서 하나님은 종종 자연을 초월한 초자연적 개입으로 기적을 행하신다는 것입니다. 본래 기적이란 초자연적이고 인격적인 절대자를 인정하지 않는 곳에서는 기대할 수 없는 것입니다. 하나님이 계시기 때문에 기적은 가능한 것입니다. 그러나 성경은 소위 기적을 위한 기적을 기록하지는 않습니다. 오직 하나님의 진리를 증거하기 위한 기적들만을 보여 주고 기록합니다. 그래서 이런 기적들을 종종 표적 (sign-miracle)이라고 부릅니다. 의미를 전달하기 위한 기적들이기 때문입니다. 그런데 이런 기적들 중 가장 중요한 기적은 메시아 되신 예수님의 오심을 예언함에 그 중요한 초점이 있습니다.

예수 탄생의 크리스마스는 기적 중의 기적입니다. 왜, 어떤 의미에서 크리스마스 사건은 위대한 기적일 수 있을까요? 이제 주전 700년 전에 미가라는 선지자를 통해 증언된 크리스마스의 기적을 묵상하고자 합니다. 미가에 의하면 크리스마스는 어떤 의미에서의 기적 사건인가요? 두 가지 관점에서 생각하고자 합니다.

# 1. 예언을 성취하는 기적입니다.

이미 말씀드린 것처럼 미가는 주전 700년대에 오늘의 말씀을 예언했습니다.

> "베들레헴 에브라다야 너는 유다 족속 중에 작을지라
> 도 이스라엘을 다스릴 자가 네게서 내게로 나올 것이
> 라 그의 근본은 상고에, 영원에 있느니라"    (미 5:2)

성경학자들은 당시 고대에는 베들레헴이 에브라다로 불렸다고 말합니다. 창세기를 보면 "라헬이 죽으매 에브랏 곧 베들레헴 길에 장사되었고"(창 35:19)라고 기록합니다. 바로 이 베들레헴 에브라다에서 메시아가 날 것을 미가 선지자가 예언한 것입니다. 그런데 이 예언이 정확하게 700년 후 그대로 실현되었습니다. 이제 마태복음 2장을 펼쳐 보십시오.

> "¹헤롯 왕 때에 예수께서 유대 베들레헴에서 나시매
> 동방으로부터 박사들이 예루살렘에 이르러 말하되 ²
> 유대인의 왕으로 나신 이가 어디 계시냐 우리가 동방
> 에서 그의 별을 보고 그에게 경배하러 왔노라 하니"
>
> (마 2:1-2)

그래서 이어지는 4절을 보면 왕이 모든 대제사장과 서기관들을 모아 그리스도가 어디서 나겠느냐고 물었습니다. 이때 성경을 잘 알던 이들의 대답을 들어 보십시오.

> "⁵이르되 유대 베들레헴이오니 이는 선지자로 이렇게
> 기록된 바 ⁶또 유대 땅 베들레헴아 너는 유대 고을 중
> 에서 가장 작지 아니하도다 네게서 한 다스리는 자가
> 나와서 내 백성 이스라엘의 목자가 되리라" (마 2:5-6)

어디서 인용된 말씀입니까? 바로 본문 미가서 5장 2절입니다. 바로 예수님의 베들레헴 탄생은 이 미가 선지자의 예언을 700년 후 문자 그대로 실현한 기적적 성취였던 것입니다.

그래서 성경 예언의 성취야말로 성경이 하나님의 말씀임을 강력하게 증거하는 기적인 것입니다.

> "예언은 언제든지 사람의 뜻으로 낸 것이 아니요 오직
> 성령의 감동하심을 받은 사람들이 하나님께 받아 말
> 한 것임이라"                                    (벧후 1:21)

미가가 어떻게 인간적인 지혜로 700년 후 메시아가 베들레헴 마을에서 탄생할 것을 예언할 수 있었겠습니까? 성령의 감

동이 아니면 불가능한 일이지요. 그래서 우리는 성경이 성령의 감동으로 기록된 하나님의 말씀인 것을 고백하는 것입니다. 바튼 페인(J Barton Payne)이란 성경학자는 무려 구약의 574구절에 오실 메시아가 직간접적으로 예언되어 있다고 말합니다. 저의 은사였던 트리니티 신학교 총장을 역임한 월터 카이저(Walter Kaiser) 박사는 아주 직접적인 메시아 탄생의 예언만 해도 65회나 등장한다고 말합니다. 메시아 탄생과 연관된 구약의 대표적인 구절 몇 곳만 인용해 보겠습니다.

"…여자의 후손은 네(뱀, 사탄) 머리를 상하게 할 것이요 너는 그의 발꿈치를 상하게 할 것이니라" (창 3:15)

여기 동정녀 마리아를 통해 탄생할 메시아가 사단의 권세를 멸하고 구원자가 될 것을 예언한 것입니다. 창세기 12장에는 메시아의 구원의 축복이 땅 끝까지 이르게 될 것이 예언되어 있습니다.

"…땅의 모든 족속이 너로 말미암아 복을 얻을 것이라 하신지라" (창 12:3)

민수기 24장 17절에는 메시아의 탄생을 알리는 특별한 별이 출현할 것을 "…한 별이 야곱에게서 나오며"라고 예언합니

다. 미가와 동시대의 선지자 이사야는 이사야 7장 14절에서
"그러므로 주께서 친히 징조를 너희에게 주실 것이라 보라 처
녀가 잉태하여 아들을 낳을 것이요 그의 이름을 임마누엘이라
하리라"라고 했습니다. 이사야 11장 1절에는 "이새의 줄기에
서 한 싹이 나며 그 뿌리에서 한 가지가 나서 결실할 것이요"
라고 하며 그가 이새와 다윗의 가문을 통해 오실 것이라고 했
습니다.

이사야 9장 6절의 예언을 묵상해 보십시오.

> "이는 한 아기가 우리에게 났고 한 아들을 우리에게
> 주신 바 되었는데 그의 어깨에는 정사를 메었고 그의
> 이름은 기묘자라, 모사라, 전능하신 하나님이라, 영존
> 하시는 아버지라, 평강의 왕이라 할 것임이라" (사 9:6)

그리고 그가 아기로 태어난 후 애굽에 갔다가 약속의 땅으
로 복귀하실 것도 예언되어 있습니다.

> "이스라엘이 어렸을 때에 내가 사랑하여 내 아들을 애
> 굽에서 불러냈거늘"                     (호 11:1)

대체 어떤 종교가 그 교주의 탄생에서 죽음까지를 이렇게

정교하게 예언하였습니까? 그는 진실로 하나님의 아들, 인류의 메시아가 아니십니까? 그의 베들레헴의 기적의 탄생 하나로도 우리는 충분히 그가 하나님이 보내신 구원자이심을 고백할 수 있습니다.


## 2. 작은 것을 위대하게 하시는 기적입니다.

다시 본문으로 돌아와 "베들레헴 에브라다야 너는 유다 족속 중에 작을지라도"(미 5:2)라는 표현을 주목해 보십시오. 내가 하나님이라면 메시아를 유다 땅에 보낼 바엔 베들레헴에서 북으로 8km 떨어진 유다의 가장 중심도시 시온의 땅 예루살렘 한복판에 출생하여 세상의 관심을 모으게 할 수 있었을 것입니다. 그런데 베들레헴이라니? 여기서 '작다'라는 표현은 사이즈가 작다는 의미도 있지만 '무시해도 좋을(insignificant)'이란 의미를 갖고 있습니다. 여호수아 15장에 유다 지파 기업의 촌락들을 언급할 때 베들레헴은 이름도 없었습니다. 포로 후 느헤미야 11장에 예루살렘 주변 동네들을 언급할 때에도 베들레헴은 그 존재를 찾을 수가 없었습니다. 그런데 이 작은 마을, 이름도 존재도 없는 마을에서 온 이스라엘을 다스릴 자가 나온다는 것입니다. 결국 이 예언에서 이스라엘은 육적 이스라엘이 아닌 영적 이스라엘을 의미한다고 보아야 합니다.

미가 5장 2절은 그의 존재의 근원을 "그의 근본은 상고에, 영원에 있느니라"라고 합니다. 본래 원문의 뜻은 "영원 전부터 있는 분"이란 뜻입니다. 정확하게 요한복음 1장 1절과 같은 의미입니다. 태초에 즉 영원 전부터 계신 하나님의 아들이 이 시골 작은 마을에 오신 것입니다.

큰 것을 더 크게 만드는 것은 기적이 아닙니다. 그러나 작은 것이 위대하게 되는 것은 기적입니다. 지금 우리가 사는 시대는 모든 것이 대형화되는 소위 메가(mega)의 시대입니다. 그러나 또 한편으로 우리 시대는 작은 것의 중요성을 새롭게 인지하는 마이크로/미크로(micro)의 시대이기도 합니다. 작은 마이크로 칩에 온 세상의 정보를 담는 시대에 살고 있습니다. 베들레헴, 이 작은 마을이 예수님 때문에 얼마나 위대하게 되었습니까? 매년 크리스마스이브에 드려지는 예수 탄생 교회의 성탄 이브 예배는 전 세계에 중계되고 있습니다. 전 세계 인구의 3분의 1에 해당하는 기독교인들은 평생에 한 번은 이 마을을 방문하고 싶어 합니다. 이 마을에 예수 탄생의 소식을 제일 먼저 들은 '목자들의 들 기념교회'가 있고, 그리고 예수 탄생 기념교회가 있기 때문입니다. 로마제국이 콘스탄틴 대제에 의해 313년 기독교인의 신앙의 자유가 보장되고 복음화되자 제일 먼저 성지의 땅을 찾아 나선 이는 콘스탄틴 대제의 어머니 헬레나 여사였습니다. 헬레나는 남편 콘스탄틴 클로루스에게 버림받아 홀로 아들 콘스탄틴을 키웠습니다. 새롭게 소아시아에 전파된 기독교 신앙은 그녀의 인생의 새로운 소망이 되었습니다. 아들 콘스탄틴이 로마의 새 지도자가 되고 얼마 되지 않아 그녀는 황제의 허락을 받고 베들레헴 지경 밖의 목자들처럼 그리고 동방의 박사들처럼 묻고 물어 예루살렘에 와서 예수님의 오리지널 십자가를 발견합니다. 그리고 이어 아기 예수가 나신 구유가 있던 곳을 찾아와 아기 예수의 구유 동굴 터 위에 있던 아도니스 우상 신전을 헐고 339년 최초의 예수 탄생 기념교회를 짓습니다. 후일 화재가 발생하자 유스티니아누스 대제는 531년 당시 최대의 기념교회를 재건합니다. 614년 페르시아 군대가 이곳을 점령했으나 벽화에 아기 예수를 찾아온 동방박사들의 옷이 페르시아 사람의 옷인 것을 보고 이 교회를 보존하기로 결정합니다. 그래서 지금 우리는 531년대의 예수 탄생 기념교회를 옛 그대로의 모습으로 방문할 수 있습니다. 그래서 이 작은 마을 베들레헴은 성경의 예언 그대로 수많은 그리스도인들, 곧 남은 자들의 영혼의 고향이 되었습니다.

작은 것을 위대하게 하시는 하나님, 그는 시골 여인 마리아를 쓰시고 여인 헬레나를 사용하십니다. 그는 거인 골리앗보다 하나님의 마음에 합한 작은 시골 베들레헴 출신의 목동 다윗의 손에 들린 작은 물맷돌로 새로운 역사를 만드신 것처럼 지금도 자신의 작음을 알고 전능자에게 삶을 위탁하는 자들을 찾고 계십니다. 크리스마스의 기적은 작은 것을 위대하게 만드시는 오늘의 기적을 기다리고 있습니다. 자신의 작음과 부족함 때문에 열등감을 느끼고 계십니까? 그렇다면 당신에게 필요한 것, 크리스마스의 기적입니다. 작은 것을 위대하게 하시는 하나님을 베들레헴에서 만나시기를 축복합니다. 베들레헴의 뜻은 본래 베이트=집, 레헴=떡, '떡집'이란 의미입니다. 그런데 2천 년 전 이 땅에 오신 예수님은 어느 날 이렇게 선포하십니다.

> "…나는 생명의 떡이니 내게 오는 자는 결코 주리지
> 아니할 터이요 나를 믿는 자는 영원히 목마르지 아니
> 하리라" (요 6:35)

예수님 때문에 배부르고 목마르지 아니한 행복한 크리스마스가 되시기를 바랍니다. 메리 크리스마스!

# 5.
## 미가 선지자의 세 가지 질문
### (미가 6:6-8)

[6]내가 무엇을 가지고 여호와 앞에 나아가며 높으신 하나님께 경배할까 내가 번제물로 일 년 된 송아지를 가지고 그 앞에 나아갈까 [7]여호와께서 천천의 숫양이나 만만의 강물 같은 기름을 기뻐하실까 내 허물을 위하여 내 맏아들을, 내 영혼의 죄로 말미암아 내 몸의 열매를 드릴까 [8]사람아 주께서 선한 것이 무엇임을 네게 보이셨나니 여호와께서 네게 구하시는 것은 오직 정의를 행하며 인자를 사랑하며 겸손하게 네 하나님과 함께 행하는 것이 아니냐

오늘은 한 해의 마지막 주일입니다. 다시 말하면 1년을 결산하는 주일입니다. 우리의 결산이 하나님 앞에서 정직한 결산이 되려면 먼저 지난 한 해 동안 우리는 과연 하나님의 기대를 따라 살았는가를 물어야 할 것입니다. 크리스천 시인 유안진의 시 중에 「송년에 즈음하면」이란 시가 있습니다.

"송년에 즈음하면
신이 느껴집니다.
가장 초라해서 가장 고독한 가슴에는
마지막 낙조같이 출렁이는 감동으로
거룩하신 신의 이름이 절로 담겨집니다."

그렇습니다. 유안진의 고백처럼 지금은 신 앞에서 철들기 위해 한 해를 돌아볼 시간입니다. 지난 한 해 내게 하나님은 어떤 존재였으며 그 하나님 앞에서 나는 어떤 존재로 살아왔는가를 반성해야 할 시간입니다. 미가라는 선지자가 살고 있던 때는 오늘 우리의 현실 못지않게 절박한 시대였습니다. 북이스라엘의 많은 백성들은 앗수르 제국에 포로로 잡혀갔습니다 (BC722-721). 다행스러웠던 것은 깨어 있던 믿음의 사람 히스기야가 남유다의 왕이 되어 믿음의 정책을 펼치고 있었습니다. 그러나 형제였던 북이스라엘을 멸망시킨 앗수르를 추종할 수는 없다고 생각하여 반 앗수르 정책을 펼쳤습니다. 마침내 남유다도 BC701년 앗수르 산헤립 왕의 침략을 받게 됩니다. 오랫동안 예루살렘이 산헤립 군대에 의해 에워싸임을 당하면서도 꿋꿋하게 싸우고 있던 때였습니다. 따라서 예루살렘 멸망의 예언은 후일 BC586년 바벨론 느부갓네살 2세의 침입까지는 실현되지 않고 있었습니다.

이런 역사적 위기의 상황에서 미가 선지자는 이스라엘 백성들에게 "너희는 여호와의 말씀을 들을지어다"(미 6:1)라고 말합니다.

미가 6장 1-7절까지 미가는 이스라엘 백성들에게 지금까지 여호와 하나님이 자기 백성들에게 어떻게 행하신 것을 기억하라고 말합니다. 무엇보다 그들이 애굽에 노예 되었을 때에 어떻게 구출하시고 은혜를 베풀어 해방과 인도의 은혜를 주셨는지를 기억해야 한다고 말합니다. 그리고 그는 선지자로서 백성들을 대신하여 하나님께 응답해 봅니다.

> "⁶내가 무엇을 가지고 여호와 앞에 나아가며 높으신 하나님께 경배할까 내가 번제물로 일 년 된 송아지를 가지고 그 앞에 나아갈까 ⁷여호와께서 천천의 숫양이나 만만의 강물 같은 기름을 기뻐하실까 내 허물을 위하여 내 맏아들을, 내 영혼의 죄로 말미암아 내 몸의 열매를 드릴까"
>
> (미 6:6-7)

송아지는 1년이 되었을 때 최선의 상태라고 합니다. 그 1년 된 송아지를 하나님께 드려야 할 것인가? 아니면 당시 동물에게 취할 수 있는 가장 좋은 기름을 최대한 모아 드릴까? 아니면 우상숭배자들이 그들의 신께 드리는 최고의 희생인 내 맏아들을 드릴 것인가? 자신에게 묻던 미가 선지자는 여호와 하나님이 그에게 구하는 최선의 것이 무엇인가를 기도 중에 응답받게 됩니다.

> "사람아 주께서 선한 것이 무엇임을 네게 보이셨나니
> 여호와께서 네게 구하시는 것은 오직 정의를 행하며
> 인자를 사랑하며 겸손하게 네 하나님과 함께 행하는
> 것이 아니냐" (미 6:8)

여기 오늘을 사는 우리도 인생의 결산을 위해 물어야 할 세 가지 중요한 질문을 발견합니다.


## 1. 정의를 행하며 살았는가?

여기서 '정의를 행한다(to do justice)' 혹은 '정의를 만든다'는 말에서의 정의(미쉬파트[mishipat])는 '공의'나 '공정'으로도 번역될 수 있는 말입니다. 캐제만(E. Kasemann)이란 신학자는 이 단어를 행동 명사로 규정하고 "잘못된 것을 바로잡으시는 행위, 혹은 옳다고 판결해 주시는 하나님의 행위"를 뜻한다고 하였습니다. 이 단어는 단순히 올바른 생각만이 아닌 올바른 행동을 뜻하는 말입니다. 오늘 우리 시대는 정의를 말하는 사람은 많아도 정의를 행하는 사람은 보기 드문 그런 때

가 되었습니다. 하나님의 백성들이 정의를 행하는 편에 서야 할 중요한 이유는 우리가 믿는 하나님이 정의로우신 하나님 이시기 때문입니다. 하나님은 아브라함과 그 후손을 선택하신 이유를 이렇게 말씀하십니다.

> "[18]아브라함은 강대한 나라가 되고 천하 만민은 그로 말미암아 복을 받게 될 것이 아니냐 [19]내가 그로 그 자식과 권속에게 명하여 여호와의 도를 지켜 의(체다카)와 공도(미쉬파트)를 행하게 하려고 그를 택하였나니 이는 나 여호와가 아브라함에게 대하여 말한 일을 이루려 함이니라"
> (창 18:18-19)

얼마 전 조국 사태가 한창일 때 조국 씨와 가까운 사이이면서도 그를 두둔하지 않고 비판한 사람이 있어 우리 사회의 주목을 끈 일이 있었습니다. 그때 이분은 토론회에서 "조국 사태는 공정성과 정의의 문제이지 결코 이념이나 진영으로 나뉘어 벌일 논쟁이 아니다"라는 의미심장한 말을 남겼습니다. 소돔 고모라 성에서 의인 10명을 찾으시던 주님은 오늘의 한반도 우리 민족의 역사의 마당을 지켜보며 하나님의 미쉬파트, 정의로운 안목, 정의로운 판단의 머리, 정의로운 손과 발로 행동하는 주의 자녀들을 찾고 계실 것입니다. 그런데 우리의 행동에 앞서 과거 하나님의 백성들은 이런 정의의 규범이 곧 주의 말씀이라고 믿었습니다. 그렇다면 우리의 행동에 앞서 먼저 주의 의로운 규례를 학습하고자 하는 열망을 가져야 할 것입니다. 시편 119편을 묵상해 보십시오.

"내가 주의 의로운 판단을 배울 때에…"　　(시 119:7)

"주의 규례들을 항상 사모함으로…"　　(시 119:20)

"나에게 주의 법도들의 길을 깨닫게 하여 주소서…"
　　　　　　　　　　　　　　　　　(시 119:27)

"내가 주의 법도들을 사모하였사오니 주의 의로 나를 살아나게 하소서"　　(시 119:40)

"주의 의로운 규례들을 지키기로 맹세하고 굳게 정하였나이다"　　(시 119:106)

"주의 의로운 규례들로 말미암아 내가 하루 일곱 번씩 주를 찬양하나이다"　　(시 119:164)

우리 모두 이런 주의 의로운 규례를 먼저 가슴에 품고 다음에 정의로운 하나님의 사람으로 행동하게 되시기를 축복합니다.

## 2. 인자(긍휼)를 실천하는 삶을 살았는가?

한 해를 마무리하는 우리에게 미가 선지자가 던지는 두 번째 질문은 '우리는 얼마나 인자를 실천하는 삶을 살았는가?'입니다. 본문 8절에 "인자를 사랑하며"는 영어로 'to love mercy'입니다. 여기 mercy로 번역된 히브리어는 구약의 가장 중요한 단어로 번역하기가 정말 어려운 '헤세드(hesed)'라는 단어입니다. 신약에 제일 중요한 단어가 '아가페'라면 이 단어에 상응하는 구약의 단어가 '헤세드'일 것입니다. 친절, 긍휼 등으로 자주 번역됩니다만 그 이상의 의미를 포함한 자격 없는 이웃들에 대한 조건 없는 사랑입니다. 그것은 주로 강한 자가 약자들을 품는 사랑이며, 건강한 사람이 병든 자를 품고, 가진 자가 못 가진 자를 품는 사랑입니다. 하나님이 죄인 된 우리에게 베푸신 긍휼이 바로 이 헤세드 사랑의 본질입니다. 우리는 지난 한 해 동안 얼마나 이런 헤세드를 사랑하고 실천하는 삶을 살아왔을까요?

여기서 한 가지 주목할 것은 미가 선지자가 정의 다음에 인자하심의 사랑, 긍휼을 강조했다는 사실입니다. 긍휼이 없는 정의는 냉혹한 정의로 인간을 정죄할 뿐 인간을 변화시키거나 구원할 수 없습니다. 그래서 선지자들은 정의의 하나님이 동시에 긍휼을 베푸시는 하나님이심을 증언합니다.

"그러나 여호와께서 기다리시나니 이는 너희에게 은
혜를 베풀려 하심이요 일어나시리니 이는 너희를 긍
휼히 여기려 하심이라 대저 여호와는 정의의 하나님
이심이라 그를 기다리는 자마다 복이 있도다"

(사 30:18)

이어령 선생은 사랑이 없는 정의는 인간이 할 수 있는 정의
이며 이런 인간도 할 수 있는 정의에는 한계가 있고, 우리는
이미 그런 정의에 절망한 사람들이라고 말합니다. 그는 심지
어 사랑 없는 정의는 정의 없는 사랑보다 더 나쁘다고 말합니
다. "아이고 내 새끼" 하며 무조건 자식을 감싸는 것도 잘못이
지만 자식의 잘못을 바로잡기 위해서 매질하다가 자식을 죽이
는 정의는 더더욱 곤란한 것이라고 말합니다.

다시 그의 말을 인용해 보겠습니다. "정의 없는 사랑도 사랑
없는 정의도 기독교가 아닙니다. 오늘날의 기독교의 가장 큰
위험은 이 두 가지입니다. 서로 끌어안고 내 편만을 위한 사랑
은 있으되 정의가 없는 교회가 있는가 하면, 내 편은 정의임으
로 다른 편은 모질게 비판만 하는 교회도 있습니다. 사랑과 정
의가 합쳐져야 합니다. 그것이 십자가입니다. 그러나 지금 십
자가 없는 교회가 되어 가고 있지 않습니까? 정의와 사랑이
함께 있어야지 바리새인처럼 율법만 지키고 사람들의 편을 가

르는 것이 저는 교회의 큰 위기라고 봅니다. 노아가 술 취했을 때에 막 까발린 자식과 보지 않고 덮어 준 자식이 있었습니다. 지금의 사회정의는 까발리는 정의입니다. 원죄를 지은 인간들, 죄짓고 추악한 모습을 드러내며 죽어 가는 인간들에게 보지 않고 이불을 덮어 주는 사랑이 없습니다. 우리는 자기 죄는 덮으려 하지만 남의 죄는 덮으려 하지 않습니다. 그것이 정의인 줄 알면 큰일입니다. 사랑 없는 그런 정의는 벌써 로마시대와 사회주의 등에서 겪었습니다. 예수님께서 오셔서 비로소 정의와 사랑이 함께 있는 어머니와 아버지가 함께 있는 모습이 실현되었습니다."

## 3. 겸손히 하나님과 동행했는가?

여호와께서 그를 의지하는 인생들에게 구하시고 기대하시는 세 번째는 겸손히 하나님과 함께 걷는 것(to walk humbly with God)입니다. 우리는 하나님 앞에서 모두 죄인이며 따라서 우리의 판단에는 언제나 오류가 있을 수 있음을 알기에 하나님을 의지하여 살고자 합니다. 그것이 바로 겸손입니다. 그리고 이런 겸손의 실천이 기도이고 겸손의 결과가 하나님과의 동행입니다. 우리는 진실로 지난 한 해 겸손히 하나님과 동행하는 삶을 살았을까요? 아니면 내가 하나님의 자녀라고 고백하면서도 실제로는 헛된 자만심으로 자신의 피상적인 지혜만 붙들고 홀로 걷다가 넘어지고 쓰러진 상처뿐인 인생의 흔적만을 만들어 온 것은 아닌지요?

그러나 하나님은 죄를 범한 처음 사람을 에덴동산에서부터 포기하지 않고 찾아오십니다. 창세기 3장 8절부터 9절에 보면 저녁 미풍이 불 때 하나님은 동산을 거니시며 첫 사람 아담을 향하여 "네가 어디 있느냐"라고 찾고 계십니다. 창세기 5장 24절은 하나님이 에녹을 데려가시기까지 주와 동행한 기록을 남깁니다. 그리고 히브리서 기자는 히브리서 11장 5절에서 믿음으로 에녹이 그가 이 땅에서 옮겨지기 전에 하나님을 기쁘시게 하는 자라는 증거를 받았다고 기록합니다. 우리가 누군가를 참으로 사랑하면 그와 함께 있음, 그리고 그와 동행하는 것 이상의 기쁨이 없습니다. 무엇인가 대단한 기여가 없어도 괜찮습니다. 그냥 사랑하는 사람의 곁에 머물러 있는 행복으로 족한 것입니다. 창세기 6장 노아의 시대에 세상은 죄악으로 가득했고 사람들의 마음과 생각이 악해졌습니다. 그러나 그런 시대에서도 이런 기록을 남깁니다.

"…노아는 의인이요 당대에 완전한 자라 그는 하나님과 동행하였으며"                                    (창 6:9)

그리고 히브리서 11장 7절은 노아가 믿음으로 방주를 준비하여 믿음을 따르는 의의 상속자가 되었다고 증언합니다. 그는 비가 몰아치고 홍수가 땅을 덮고 있던 시간에도 방주 안에서 하나님과 동행한 것입니다.

예수님은 마지막 때에도 노아의 시대처럼 세상이 악해질 것을 경고하시며 '그러므로 깨어 있으라'고 말씀하십니다. 어느 날에 주가 다시 오실지 모르기 때문이라고 말씀하십니다. 우리의 연약함을 알고 겸손히 주를 찾고 주를 예배하며 주와 동행을 기뻐하는 사람들은 어디 있을까요? 겸손히 주와 동행하며 날마다를 살던 에녹에게 주께서 어느 날 이렇게 말씀하셨을 것입니다. "에녹아, 오늘은 좀 긴 산책이 될 듯하다. 내가 널 위해 준비한 영원한 나라, 너의 진정한 고향으로 가는 거야!" 우리에게도 그날이 올 것입니다. 그날을 준비하며 살고 계십니까? "사람아, 여호와께서 네게 구하시는 것은 오직 정의를 행하며 인자를 사랑하며 겸손히 네 하나님과 함께 행하는 것이 아니냐." 이 계절이 그런 하나님의 기대를 이루는 시간이 되시기를 축복합니다.

# 6.

## 미래를 향한 약속

(미가 7:18-20)

[18]주와 같은 신이 어디 있으리이까 주께서는 죄악과 그 기업에 남은 자의 허물을 사유하시며 인애를 기뻐하시므로 진노를 오래 품지 아니하시나이다 [19]다시 우리를 불쌍히 여기셔서 우리의 죄악을 발로 밟으시고 우리의 모든 죄를 깊은 바다에 던지시리이다 [20]주께서 옛적에 우리 조상들에게 맹세하신 대로 야곱에게 성실을 베푸시며 아브라함에게 인애를 더하시리이다

정통 유대인들은 유대인들의 음력 새해를 로쉬 하샤나 (Rosh hashanah, 해의 머리)라고 부릅니다. 이 절기를 나팔 (쇼파르, 양각)을 불고 시작하기에 나팔절이라고 부르기도 합니다. 나팔 소리로 서로를 깨우며 힘차게 한 해를 시작하는 것입니다. 이날에 유대인들은 또한 사과에 꿀을 찍어 먹습니다. 꿀처럼 달콤한 한 해를 맞이하기를 기원하는 것입니다. 그

리고 실제로 서로를 축복하는 기도를 하고 "샤나 토바(Good year)"라고 인사합니다. 그러나 새해가 되면 열흘간 중요한 일을 해야 합니다. 참회의 기도를 드려야 합니다. 지나간 한 해의 우리의 허물과 죄과를 반성하며 참회함으로 새해를 열고자 하는 것입니다. 이 열흘의 절정이 속죄의 날, 욤 키퍼(Yom Kipper)입니다. 이날에 그들이 낭독하는 말씀이 바로 본문입니다. 그러므로 본문은 바로 새해를 위한 말씀인 것입니다.

이미 말씀을 드렸습니다만, 선지자 미가라는 이름의 뜻은 "여호와와 같은 분이 누구이리오?"입니다. 본문의 번역에는 "주와 같은 신이 어디 있으리이까"라고 했습니다. 하나님이 누구인가를 묵상하고 그 하나님에게 한 해를 의탁하며 새해를 출발하고자 하는 것입니다. 신앙생활의 여정에서의 우리의 방황은 모두 하나님을 잘 알지 못함에 있습니다. 신학자 제임스 패커(James Packer)는 그의 명저 『기도(Praying)』에서 우리가 충분히 기도하지 않는 이유는 하나님을 충분히 알지 못하기 때문이라고 말했습니다. 그는 우리가 알아야 할 하나님을 8가지 P라는 단어로 설명합니다.

1) Personal - 하나님은 인격적이시다.
2) Plural - 하나님은 복수적 존재, 삼위일체로 계시다.
3) Perfect - 하나님은 완전하시다.

4) Powerful - 하나님은 권능이 충만하시다.

5) Purposeful - 하나님은 목적을 갖고 계시다.

6) Promise-keeper - 하나님은 약속을 지키시는 분이시다.

7) Paternal - 하나님은 아버지시다.

8) Praiseworthy - 하나님은 찬양받기에 합당하시다.


미가는 도대체 이런 하나님과 같은 분이 또 어디에 있느냐고 묻습니다. 그리고 이 하나님이 우리에게 주시는 세 가지 놀라운 약속을 소개합니다. 우리의 미래를 향한 미가의 하나님의 세 가지 놀라운 약속, 무엇일까요?


## 1. 용서의 약속입니다.

> "18주와 같은 신이 어디 있으리이까 주께서는 죄악과 그 기업에 남은 자의 허물을 사유하시며 인애를 기뻐하시므로 진노를 오래 품지 아니하시나이다 19다시 우리를 불쌍히 여기셔서 우리의 죄악을 발로 밟으시고 우리의 모든 죄를 깊은 바다에 던지시리이다"
>
> (미 7:18-19)


위 번역을 메시지 성경으로 읽어 보겠습니다.

"우리의 죄과를 말끔히 없애주시고 사랑하는 백성의 지난 죄들을 씻겨 주시며 못 본 것으로 못 들은 것으로 해주십니다. 주께서는 노를 오래 품지 않으십니다. 주께서는 허물을 짓밟으시고 우리 죄들을 대양 밑바닥에 가라앉혀 주실 것입니다."

얼마나 완벽한 용서의 약속이십니까?

주님의 용서하심의 약속이 없다면 인생 중 아무도 미래를 향하여 나아갈 수 없습니다. 그러나 이 약속은 아무 인생을 향한 약속은 아닙니다. 주의 백성이 된 남은 자들을 향한 약속입니다. 용서의 특권이야말로 하나님의 자녀만이 누릴 수 있는 특권인 것입니다. 그렇다고 용서의 특권을 남용해서는 안 될 일입니다. 주께서 용서하시는 이유는 우리가 다시 죄를 범치 않고 살기를 기대하시기 때문입니다. 요한일서 1장 9절은 오늘의 시대에도 변함없는 주님의 약속입니다.

> "만일 우리가 우리 죄를 자백하면 그는 미쁘시고 의로 우사 우리 죄를 사하시며 우리를 모든 불의에서 깨끗 하게 하실 것이요"  (요일 1:9)

그러나 이 약속을 믿는 모든 성도들은 이어지는 말씀을 망각해서는 안 됩니다.

"나의 자녀들아 내가 이것을 너희에게 씀은 너희로 죄
를 범하지 않게 하려 함이라 만일 누가 죄를 범하여도
아버지 앞에서 우리에게 대언자가 있으니 곧 의로우
신 예수 그리스도시라"                          (요일 2:1)

우리는 간음하다 잡혀 온 여인을 향해 주신 "나도 너를 정죄
하지 아니하노니"라는 주님의 말씀을 잊어서는 안 됩니다. 그
런데 거기서 그분의 말씀이 끝나지 않으셨습니다. 다음 말씀
이 무엇이었습니까? "가서 다시는 죄를 범하지 말라" 그렇습
니다. 용서의 목적은 우리로 같은 죄에서 벗어나 새로운 삶을
살아감에 있다는 것입니다.

로마서 5장에는 하나님의 사랑을 만나기 전의 인간 실존을
묘사하는 세 가지 때가 등장합니다.

1) 우리가 아직 연약할 때(6절)
2) 우리가 아직 죄인 되었을 때(8절)
3) 우리가 원수 되었을 때(10절)

6절은 우리가 아직 연약할 때 그리스도께서 경건치 않은 우
리를 위해 죽으셨다고, 8절은 우리가 아직 죄인 되었을 때 그
리스도께서 죽으심으로 하나님께서 우리에 대한 자신의 사랑

을 확증하셨다고, 10절에서는 우리가 원수 되었을 때에 그의 아들의 죽으심으로 말미암아 우리가 하나님과 화목하게 되었다고 말합니다. 이 사랑을 입은 우리의 책임은 무엇입니까?

> "곧 하나님께서 그리스도 안에 계시사 세상을 자기와 화목하게 하시며 그들의 죄를 그들에게 돌리지 아니하시고 화목하게 하는 말씀을 우리에게 부탁하셨느니라"
>
> (고후 5:19)

그 구체적 실천이 바로 용서의 삶이 아니겠습니까? 주님의 마지막 시간 가상 칠언 중 하나가 바로 이 용서의 선언이 아니었습니까?

> "…아버지 저들을 사하여 주옵소서 자기들이 하는 것을 알지 못함이니이다…"
>
> (눅 23:34)

주께서 우리를 용서하심을 확신함으로 우리는 이제 미래를 향해 나아가는 것입니다. 그래서 우리가 이 용서의 약속을 믿고 받아들임이 중요합니다.

## 2. 성실의 약속입니다.

이제 미가서의 마지막 구절의 약속을 기억하십시다.

"주께서 옛적에 우리 조상들에게 맹세하신 대로 야곱
에게 성실을 베푸시며…"                            (미 7:20)

　여기 성실이란 말은 영어 번역으로 'true to Jacob/
faithful to Jacob', 야곱에게 신실하게 대하신다는 의미입니
다. 야곱을 향한 약속에 성실하시다는 의미입니다. 히브리어로
에메트(emeth)로 주로 하나님의 언약과 연관하여 하나님의
성실하심을 증언하는 말입니다. 아니, 야곱이 어떤 사람이었
습니까? 형을 배신하고 아버지를 속이고 하나님도 속이려 한
사람입니다. 그러나 그럼에도 불구하고 하나님은 그와 더불어
맺은 모든 언약에 성실하셨습니다. 그는 불성실했어도 하나님
은 그에게 성실하셨습니다. 그리고 이 말을 하는 이유는 야곱
에게 성실하신 하나님이 야곱의 후예들인 모든 하나님의 백성
들에게 성실하시겠다는 약속입니다.

　성경은 약속의 책이고, 성경의 하나님은 약속의 하나님이십
니다. 우리가 살아가는 세상에서 이런 약속의 의미가 더욱 소
중해지는 이유는 세상은 약속들의 깨짐으로 혼돈의 세상이 되
었기 때문입니다. 무너지는 가정, 무너지는 공동체, 무너지는
국회, 무너지는 나라. 무엇 때문입니까? 약속을 지키지 않기
때문 아닙니까? 이런 아재 개그가 있습니다. 부자지간에 약속
에 대한 대화를 나누고 있습니다.

"너 착한 행동 안 하면 매 맞겠다고 약속했지?"

"그랬지요."

"그럼 매 맞아라."

"잠깐만요, 아버지, 제가 약속을 지키지 않았으니까 아버지도 약속을 지키지 마세요."

이것이 우리가 사는 약속 상실의 세상입니다. 그의 성실하심에 대한 성경의 몇몇 대표적 증언들을 살펴보고 싶습니다.

"그런즉 너는 알라 오직 네 하나님 여호와는 하나님이시요 신실하신 하나님이시라 그를 사랑하고 그의 계명을 지키는 자에게는 천 대까지 그의 언약을 이행하시며…" (신 7:9)

"여호와의 말씀은 정직하며 그가 행하시는 일은 다 진실하시도다" (시 33:4)

"주의 성실하심은 대대에 이르나이다…" (시 119:90)

"²²여호와의 인자와 긍휼이 무궁하시므로 우리가 진멸되지 아니함이니이다 ²³이것들이 아침마다 새로우니 주의 성실하심이 크시도소이다" (애 3:22-23)

"우리는 미쁨(신실함)이 없을지라도 주는 항상 미쁘시니(신실하시니) 자기를 부인하실 수 없으시리라"

(딤후 2:13)

"너희를 불러 그의 아들 예수 그리스도 우리 주와 더불어 교제하게 하시는 하나님은 미쁘시도다"(고전 1:9)

"주는 미쁘사 너희를 굳건하게 하시고 악한 자에게서 지키시리라"　　　　　　　　　　　　　　(살후 3:3)

"또 약속하신 이는 미쁘시니 우리가 믿는 도리의 소망을 움직이지 말며 굳게 잡고"　　　　　　　　(히 10:23)

이런 신실하신 하나님이, 야곱에게도 성실하게 대하신 하나님이 우리를 성실하게 대하시겠다고 약속하십니다. 할렐루야! 그러면 이 성실하신 약속의 하나님을 신뢰하고 약속의 말씀을 붙들고 새해의 길을 떠나십시오.


## 3. 인애의 약속입니다.

"…아브라함에게 인애를 더하시리이다"　　　　(미 7:20)

여기 인애의 약속이 있습니다. 여기서 인애가 여러 번 언급한 '헤세드(chesed)'입니다. 영어의 mercy나 grace, kindness 등을 모두 내포하고 있는 신약의 agape와 상응

하지만 언약의 개념을 포함하고 있어 그보다 더 광의의 사랑 (steadfast love, 견고한 언약의 사랑)입니다. 구약에 245번이나 등장하는 단어입니다. 특히 시편에만 128회나 등장합니다. 흥미로운 것은 성실(emeth) 다음에 이 인애(chesed)가 주로 등장한다는 것입니다. 그는 진실의 하나님만이 아닌 사랑의 하나님이란 의미입니다. 그에게 진리만 있으시고 인애 곧 사랑이 없으셨다면 우리는 어떻게 그분에게 나아갈 수 있었을까요? 에메트(emeth)의 하나님이 헤세드(chesed)의 하나님이십니다. 그렇습니다. 그 하나님이 오늘 우리를 신실하심 뿐 아니라 사랑스러움으로 대하시겠다고 약속하십니다. 옛날 믿음의 조상 아브라함에게처럼 말입니다.

아브라함은 믿음의 조상이긴 하지만 결코 흠 없는 사람이 아니었습니다. 약속의 땅에 기근이 들어 애굽에 내려갔을 때 미모가 뛰어난 그의 아내 사라를 취하기 위해 사람들이 아브라함을 죽일까 두려운 나머지 자기 아내에게 자기 누이처럼 행동해 달라고 부탁하는 비겁한 사내였습니다. 하나님이 사라를 통해 후손을 약속하셨음에도 불구하고 성급한 나머지 하갈이란 여종을 통해 이스마엘을 얻어 아랍과 이스라엘 민족 사이의 역사적 갈등을 초래하게 한 장본인이었습니다. 그러나 그럼에도 불구하고 하나님은 그에게서 믿음의 조상이란 명예를 취소하지 않으시고 인애하심으로 그를 대하셨습니다. 왜냐

하면 그와의 약속이 있었기 때문이었습니다. 이것이 바로 하나님의 헤세드의 사랑, 인애하심의 사랑입니다.

창세기에서 아브라함과 연관하여 이 단어가 어떻게 사용되고 있는지를 알아보겠습니다. 아브라함이 자기 아내에게 누이라고 말해달라고 부탁하면서 이렇게 말합니다.

"…이것이 그대가 내게 베풀 은혜라"　　　(창 20:13)

치사한 부탁을 하면서도 그는 여전히 하나님의 헤세드-은혜를 구하고 있는 것입니다. 아브라함의 늙은 종이 이삭의 신붓감을 구하러 가면서 기도합니다.

"…내 주인 아브라함에게 은혜를 베푸시옵소서"　(창 24:12)

드디어 리브가의 집에 들어갈 허락을 받고 기뻐하며 이렇게 기도합니다.

"이르되 나의 주인 아브라함의 하나님 여호와를 찬송하나이다 나의 주인에게 주의 사랑(헤세드)과 성실(에메트)을 그치지 아니하셨사오며…"　　　(창 24:27)

이제는 시편에서 이 헤세드의 사랑이 어떻게 사용되고 있는지 살펴보겠습니다.

> "여호와여 돌아와 나의 영혼을 건지시며 주의 사랑으로 나를 구원하소서" (시 6:4)

그의 사랑은 구원하시는 사랑입니다.

> "나는 오직 주의 사랑을 의지하였사오니 나의 마음은 주의 구원을 기뻐하리이다" (시 13:5)

> "주께 피하는 자들을 그 일어나 치는 자들에게서 오른손으로 구원하시는 주여 주의 기이한 사랑을 나타내소서" (시 17:7)

이 기이한 사랑이 헤세드의 사랑입니다.

> "왕이 여호와를 의지하오니 지존하신 이의 인자함으로 흔들리지 아니하리이다" (시 21:7)

이런 헤세드의 사랑과 약속으로 충만한 새해가 되시기를 축복합니다. 샤나 토바!

나훔

# 1.
## 나훔의 하나님
### (나훔 1:1-7)

[1]니느웨에 대한 경고 곧 엘고스 사람 나훔의 묵시의 글이라 [2]여호와는 질투하시며 보복하시는 하나님이시니라 여호와는 보복하시며 진노하시되 자기를 거스르는 자에게 여호와는 보복하시며 자기를 대적하는 자에게 진노를 품으시며 [3]여호와는 노하기를 더디하시며 권능이 크시며 벌 받을 자를 결코 내버려두지 아니하시느니라 여호와의 길은 회오리바람과 광풍에 있고 구름은 그의 발의 티끌이로다 [4]그는 바다를 꾸짖어 그것을 말리시며 모든 강을 말리시나니 바산과 갈멜이 쇠하며 레바논의 꽃이 시드는도다 [5]그로 말미암아 산들이 진동하며 작은 산들이 녹고 그 앞에서는 땅 곧 세계와 그 가운데에 있는 모든 것들이 솟아오르는도다 [6]누가 능히 그의 분노 앞에 서며 누가 능히 그의 진노를 감당하랴 그의 진노가 불처럼 쏟아지니 그로 말미암아 바위들이 깨지는도다 [7]여호와는 선하시며 환난 날에 산성이시라 그는 자기에게 피하는 자들을 아시느니라

나훔 선지자는 요나와 더불어 동일한 도시 니느웨를 대상으로 예언의 말씀을 전한 선지자입니다. 그러나 시대적으로 약 150년의 차이를 두고 활동한 선지자들입니다. 나훔서는 요나서의 후편이라고 할 수 있습니다. 그러나 이 두 선지자의 활동의 결과는 정반대의 영향을 끼쳤습니다. 요나의 설교 사역으로 니느웨 왕과 백성들은 회개하고 심판을 면했습니다. 그러나 이런 회개는 오래가지 못했습니다. 그들은 다시 사악해지고 하나님을 대적하던 삶으로 되돌아감으로 BC612년경 마침내 메대와 바벨론에 의해 니느웨 성은 완전한 멸망에 이르게 됩니다. 그래서 사실 이 나훔서는 읽기에 유쾌한 책이 못됩니다. 심히 불편한 마음으로 읽어야 할 책입니다. 이 책의 주제는 '진노하시는 하나님'입니다.

> "니느웨에 대한 경고 곧 엘고스 사람 나훔의 묵시의 글이라" (나 1:1)

여기 중요한 단어는 '경고'입니다. 나훔서는 하나님의 경고의 책입니다.

> "여호와는 질투하시며 보복하시는 하나님이시니라 여호와는 보복하시며 진노하시되 자기를 거스르는 자에게 여호와는 보복하시며 자기를 대적하는 자에게 진노를 품으시며" (나 1:2)

두 번 이상 반복되는 단어가 무엇입니까? 보복과 진노입니다. 하나님은 보복하시고 진노하시는 하나님이십니다. 그러나 이런 선언만으로 끝나지 않습니다.

> "여호와는 노하기를 더디 하시며…"　　　　　(나 1:3)

이런 표현을 우리는 역설이라고 말합니다. 두 가지의 명제가 모순처럼 등장하는데 모순이 아닌 진리를 말할 때 우리는 역설(paradox)이라고 말합니다. 그렇습니다. 나훔의 하나님은 역설의 하나님이십니다. 그는 진노하시고 보복하시고 심판하시는 하나님이십니다. 그러나 동시에 노하기를 더디 하시는 하나님이십니다. 그래서 나훔을 통해 다시 경고의 말씀을 주시면서도 특히 하나님의 백성들에게 구원의 메시지를 전달하고자 하십니다. '나훔'은 '위로'라는 뜻입니다. 심판 중에도 전해지는 위로의 말씀, 그것이 바로 나훔의 메시지입니다. 여기 나훔서를 통해 역설의 하나님을 만나 보십시오. 어떤 의미에서 그는 역설의 하나님이십니까?

## 1. 우선 그는 진노하시는 하나님이십니다.

왜 그는 진노하셔야 했습니까? 물론 나훔서 전체를 통해서 우리는 니느웨 성에 가득했던 죄악의 실상들을 볼 수 있습니다.

> "화 있을진저 피의 성이여 그 안에는 거짓이 가득하고
> 포악이 가득하며 탈취가 떠나지 아니하는도다" (나 3:1)

유진 피터슨의 메시지 성경에서 이 대목을 읽어 보겠습니다.

"살인자의 성이여. 너는 망할 것이다. 거짓말이 가득하고 약
탈물이 쌓이고 폭력에 중독된 성이여."

무너지는 문명의 공통적인 도덕적 죄악들을 보게 됩니다. 거
짓과 살인과 탐욕과 이웃의 것을 빼앗는 탈취들입니다. 로마
가 그렇게 망했고, 콘스탄티노플이 그렇게 무너졌습니다. 고려
가 그렇게 망했고, 조선이 그렇게 망했습니다. 그러나 우리는
도덕적 죄악 이상으로 하나님의 진노를 산 더 중요한 죄악을 간
과해서는 안 됩니다. 그것이 바로 우상숭배의 죄악이었습니다.

앗수르 제국의 최고 전성기는 산헤립 왕 통치 시대였습니다.
그러나 동시에 그 시대는 제국의 멸망이 시작된 시대이기도
했습니다. 그 시대를 증언하는 성경의 기록을 보십시오.

"$^{36}$앗수르 왕 산헤립이 떠나 돌아가서 니느웨에 거주
하더니 $^{37}$그가 그의 신 니스록의 신전에서 경배할 때
에 아드람멜렉과 사레셀이 그를 칼로 쳐죽이고 아라
랏 땅으로 그들이 도망하매 그 아들 에살핫돈이 대신
하여 왕이 되니라"                              (왕하 19:36-37)

산헤립 왕은 신전에서 우상 신에게 경배하다가 최후를 맞았
습니다. 요나가 일찍 이 도시에 와서 여호와 하나님을 증거했
지만 니느웨 백성들은 다시 우상숭배로 돌아간 것입니다. 전
능자 하나님이 결코 용납할 수 없는 죄악이 바로 우상숭배입
니다. 그는 당신의 백성들에게 절대적 사랑을 주고자 하십니
다. 이 사랑을 방해하는 것이 우상입니다. 우상은 하나님보다
더 사랑하는 모든 것이 우상입니다. 우리가 돈을 하나님보다
더 사랑하면 돈이 우상이고, 우리가 우리의 명예를 하나님보
다 더 사랑하면 명예가 우상입니다. 우리가 권력을 하나님보
다 더 사랑하면 권력이 우상이며, 어떤 정치 지도자를 하나님
보다 더 높이면 그가 바로 우상입니다.

"나 여호와가 네게 대하여 명령하였나니 네 이름이 다
시는 전파되지 않을 것이라 내가 네 신들의 집에서 새
긴 우상과 부은 우상을 멸절하며 네 무덤을 준비하리
니 이는 네가 쓸모 없게 되었음이라"          (나 1:14)

이 말씀을 메시지 성경에서 다시 보겠습니다.

"너는 이제 끝장이다. 니느웨는 끝났다. 내가 너의 신전을 모조리 부술 것이다. 네 신과 여신들을 쓰레기통에 처넣을 것이다. 나는 지금 너의 무덤을 파는 중이다. 비석 없는 무덤을. 이제 너는 없는 것이나 마찬가지다. 아니 그보다 못하다."

바로 이 우상숭배로 인하여 하나님이 진노하시고 니느웨를 대적하시겠다고, 질투하시며 보복하신다고 말씀하십니다. 우상은 하나님을 대적하는 가장 무서운 범죄 행위입니다. 그리고 우상숭배자들에게 하나님은 진노하십니다.

> "누가 능히 그의 분노 앞에 서며 누가 능히 그의 진노
> 를 감당하랴 그의 진노가 불처럼 쏟아지니 그로 말미
> 암아 바위들이 깨지는도다"                    (나 1:6)

한 번의 회개와 부흥은 감사할 일이지만 우리의 삶의 마당에 하나님의 은혜가 지속적으로 부어지려면 더 이상의 우상을 이 땅에 용납하지 말아야 합니다. 평양 대부흥은 이 땅에 하나님의 은혜의 기초를 준비했고 이 땅 도처마다 하나님을 예배하는 교회들을 세웠지만, 이어서 일제에 의해 강요된 신사참배에 우리는 굴복했으며(끝까지 투쟁한 소수의 선배들이 있

었지만), 해방 후 한반도의 절반 북녘땅은 김일성 김정일 부자 우상화의 제단의 땅을 만들었고 그것이 이 땅의 절반이 아직도 캄캄한 어둠의 영에 결박된 이유이기도 합니다. 우리는 평화로운 통일을 위해 기도하고 노력해야 하지만 신앙의 자유를 희생하고 북녘땅의 우상이나 김부자 이데올로기에 종속되는 어떤 타협도 허용해서는 안 됩니다. 만일 우리가 우상을 허용한다면 여호와 하나님이 다시 이 땅을 향해 진노할 것이기 때문입니다.

## 2. 그는 진노를 더디 하시는 하나님이십니다.

3절에서 이미 나훔은 하나님은 진노하시면서도 진노를 더디 하시는 하나님이시라고 말합니다. 거기서 머물지 않습니다.

> "여호와는 선하시며 환난 날에 산성이시라 그는 자기
> 에게 피하는 자들을 아시느니라"          (나 1:7)

여기서 다시 우리는 역설의 하나님을 만납니다. 그는 공의로 불의를 향하여 거룩함으로 추한 우상을 향해 진노하시지만 그 진노를 참고 심판을 유보하시는 하나님이시라고 말합니다. 오히려 진노 중에도 선을 베푸시고 환난의 날에 피할 산성을 준

비하시는 하나님이시라고 말입니다. 하나님의 속성 중의 하나로 '선하심'을 강조합니다. 옛날 고대 철학자들은 '최고선'을 강조했습니다만 오직 하나님만이 '절대선'이십니다. 왜냐하면 성경은 "…선을 행하는 자는 없나니 하나도 없도다"(롬 3:12)라고 말씀하십니다. 오직 선하신 한 분 하나님이 진노를 피할 수 없는 인생들, 특히 살인의 범죄자들을 위하여 환난의 날에 구원의 산성을 준비하십니다. 구약 민수기 35장이나 여호수아서 20장을 보면 팔레스타인 땅에 그런 성읍이 여섯 개나 있었는데 이를 '도피성'이라고 했습니다.

도피성은 요단강 동편에 세 곳(베셀, 길르앗라못, 골란), 서편에 세 곳(게데스, 세겜, 헤브론)이 있어서 팔레스타인 어느 곳에서나 접근성이 좋은 곳에 위치하고 있었습니다. 누구든지 하루 안에 도달할 수 있는 위치에 있었습니다. 성을 향한 도로도 폭이 14m나 되어 길을 잃지 않고 올 수 있도록 미클라트(도피성)란 표지판이 설치되어 있었습니다. 그리고 이 도피성은 이스라엘 백성들이 아닌 이방인들에게도 열려 있던 성읍이었습니다. 이 도피성이야말로 하나님의 선하심과 구원의 은혜를 명징하게 보여 주는 산성이었습니다.

"¹³너희가 줄 성읍 중에 여섯을 도피성이 되게 하되 ¹⁴ 세 성읍은 요단 이쪽에 두고 세 성읍은 가나안 땅에 두어 도피성이 되게 하라 ¹⁵이 여섯 성읍은 이스라엘 자손과 타국인과 이스라엘 중에 거류하는 자의 도피성이 되리니 부지중에 살인한 모든 자가 그리로 도피할 수 있으리라"

(민 35:13-15)

그런데 이 성읍에 머물던 사람들이 언제 온전한 자유를 얻어 집으로 돌아갈 수 있을까요?

"이는 살인자가 대제사장이 죽기까지 그 도피성에 머물러야 할 것임이라 대제사장이 죽은 후에는 그 살인자가 자기 소유의 땅으로 돌아갈 수 있느니라"

(민 35:28)

이런 구약의 도피성의 존재가 증언하는 메시지가 무엇입니까? 예수 그리스도의 구원의 은혜가 아닌가요? 어떤 죄인도 그리스도 안에 오기만 하면 용서받고 보호받을 수 있다는 복음이 아닙니까? 그리고 대제사장이 되신 예수 그리스도의 죽음으로써만 우리가 진노에서 벗어나 참된 자유를 얻는다는 것을 증거하는 복음이 아닙니까? 예수 그리스도 안에서만 우리는 하나님의 진노가 아닌 선하심을 만나게 됩니다. 이것이 복음입니다.

이 성읍들의 이름도 그리스도가 누구인가를 계시합니다. 우선 골란은 기쁨이고 라못은 고지(높음), 베젤은 요새를 뜻합니다. 그리스도가 우리의 기쁨, 고지, 요새가 되시지 않습니까! 그리고 게데스는 거룩함, 세겜은 능력(어깨), 헤브론은 친교를 의미합니다. 그리스도가 우리의 거룩함이시고 능력이며 친교가 아닙니까? 지금도 환난의 날에 피난처를 준비하시고 우리를 기다리시는 하나님의 선하심을 찬양하십시오. 그러나 이런 하나님의 선하심을 알지 못하는 우리 시대의 인류에게 예수 그리스도가 그런 도피성이 된다고, 피난처가 된다고 알려야 하지 않습니까? 그는 언제 어디서나 어떤 상황에서도 우리를 만나 주십니다. 그것이 바로 복음입니다. 나훔은 하나님의 진노를 전하면서도 이 복음을 동시에 전하고 있습니다.

우리가 사는 이 시대에 이런 하나님의 피난처를 증거한 분, 코리 텐 붐(Corrie ten Boom)을 소개하고 싶습니다. 코리 텐 붐은 1892년 네덜란드에서 크리스천인 시계점 주인 아버지의 셋째 딸로 태어나 아버지를 도와 시계공으로 일했습니다. 1940년 독일 나치의 네덜란드 침공이 시작되어 5년간에 걸친 유대인 색출과 박해가 진행되는 동안 그녀의 가족들은 위험을 무릅쓰고 박해받는 유대인들의 피난처가 되어 주기로 결심합니다. 1944년 그녀의 나이 52세에 자기 집 피난처(비밀 은신처)에 유대인들을 숨겨 준 죄로 체포되어 나치 감옥에서 아버지는 세상을 떠나고 자신과 언니 벳시는 말로 다할 수 없는 고문을 견디면서도 하나님의 뜻 안에 사는 것이 최선의 피난처라고 고백을 합니다. 자기 언니와 감옥에서 나눈 고백을 들어 보십시오.

"하나님의 타이밍은 완벽해. 하나님의 뜻이야말로 우리의 피난처야. 예수님이 우리의 피난처이지." (2차대전이 끝난 후 전세계 최고의 기독교 베스트셀러가 된 『Hiding Place』 중)

코리는 또 이러한 간증을 남깁니다. 미국 신학생 시절에 직접 들은 간증입니다.

간수들은 밤낮으로 상관없이 우리를 고문실로 데려갈 수 있었습니다. 철창 밖에서 발자국 소리가 들릴 때 저는 자신에게 말했습니다.
"그들이 나를 고문하려고 오는 소리일 거야."
그때 저는 하나님에게 말했습니다.
"하나님, 저는 이 상황을 이겨 낼 힘이 없어요. 내 믿음은 강하지 않아요."
그러다 저는 감옥의 바닥을 기는 개미들을 보게 되었어요.

천정에서 떨어지는 물방울이 개미를 덮치는 순간 다리가 물에 젖음에도 불구하고 자신의 피난처로 달려가 숨는 개미들을 보았어요. 그때 저는 주님의 음성을 들었어요.

"너를 잔인하게 대하는 사람들을 생각하지 말고 너를 선대하는 나를 생각할 수 없겠니. 코리야, 내가 너의 피난처야. 너의 유일한 피난처야."

그녀는 마침내 이 모든 박해를 이겨 내고 전쟁 후 전범국 독일을 포함하여 전 세계에 구원의 복음을 증언하는 전도자가 되었고, 그녀 가족이 살던 집은 지금도 '피난처'라는 이름의 박물관이 되어 하나님의 선하심과 사랑을 증거하고 있습니다. 코리가 증거한 것처럼 이 가을 우리도 예수님이 인생의 피난처라고 증언하게 되기를 기도합니다.

## 2.
## 나훔의 아름다운 소식
### (나훔 1:15-2:2)

¹:¹⁵볼지어다 아름다운 소식을 알리고 화평을 전하는 자의 발이 산 위에 있도다 유다야 네 절기를 지키고 네 서원을 갚을지어다 악인이 진멸되었으니 그가 다시는 네 가운데로 통행하지 아니하리로다 하시니라 ²:¹파괴하는 자가 너를 치러 올라왔나니 너는 산성을 지키며 길을 파수하며 네 허리를 견고히 묶고 네 힘을 크게 굳게 할지어다 ²:²여호와께서 야곱의 영광을 회복하시되 이스라엘의 영광 같게 하시나니 이는 약탈자들이 약탈하였고 또 그들의 포도나무 가지를 없이 하였음이라

포춘지와 타임지의 창립자인 헨리 루스(Henry Luce)가 남긴 말 중에 이런 명언이 있습니다. "좋은 소식은 뉴스가 아니다. 나쁜 소식이 뉴스다(Good news is not news. Bad news is news)." 그 결과 세상은 언론에 의해 나쁜 소식으로 도배되는 세상이 되었습니다. 만일 오늘 언론이 다루는 기독

188 너희는 일어서 다시 가라

교에 대한 뉴스만 모은다면 기독교는 이 세상에 존재할 이유가 없는 악한 공동체가 될 것입니다. 그러나 우리는 언론이 다루지 않는 기독교에 대한 뉴스를 잘 알고 있습니다. 무엇보다 기독교가 전하는 메시지를 성경은 복음 곧 good news라고 말합니다. 마태복음, 무슨 뜻입니까? 마태가 전하는 좋은 소식이 아닙니까? 마가복음은 마가가 전하는 좋은 소식이 아니겠습니까? 누가복음은 누가가 전하는 좋은 소식이 아니겠습니까? 요한복음은 요한이 전하는 좋은 소식이 아니겠습니까?

그러나 좋은 소식 곧 복음은 소위 4복음에만 기록되어 있는 것이 아닙니다. 사실 모든 성경은 복음의 증언이라 할 수 있습니다. 이 복음의 핵심은 바로 예수 그리스도이시고 성경은 바로 이 예수 그리스도에 대한 증언이기 때문입니다.

"너희가 성경에서 영생을 얻는 줄 생각하고 성경을 연구하거니와 이 성경이 곧 내게 대하여 증언하는 것이니라" (요 5:39)

예수님이 이 말씀을 하고 계실 때 성경은 구약성경을 의미하고 있었습니다. 그렇다면 구약은 당연히 영생을 주시는 구원자이신 예수 그리스도를 증언하는 책이며 따라서 구약도 복음서인 것입니다. 오늘 우리가 묵상하는 나훔서도 복음서이어야만 합니다. 그런데 실제로 나훔서를 읽어 보면 이 책은 니느웨 도성에 대한 무서운 심판의 예언으로 가득 차 있습니다. 나훔서는 요나 선지자의 말씀에 일시적 회개의 반응을 보였으나 결국 하나님의 경고를 무시하고 우상숭배로 돌아간 니느웨 성의 멸망의 이야기입니다.

> "니느웨는 예로부터 물이 모인 못 같더니 이제 모두 도망하니 서라 서라 하나 돌아보는 자가 없도다"
>
> (나 2:8)

> "그 때에 너를 보는 자가 다 네게서 도망하며 이르기를 니느웨가 황폐하였도다 누가 그것을 위하여 애곡하며 내가 어디서 너를 위로할 자를 구하리요 하리라"
>
> (나 3:7)

니느웨 성은 위로가 사라진 도성이 되었습니다. 그런데 흥미로운 것은 선지자 나훔의 이름의 뜻이 '위로'입니다. 니느웨 도성에 위로를 전달하지 못한 선지자는 이제 앗수르 니느웨에 의해 짓밟혀 온 유다 백성들에게 그들이 위로받을 때가 가까웠다고 증언합니다. 머잖아 앗수르에 의해 고통당하던 유다가 신흥 강대국 바벨론에 의해 물러가고 자유를 누릴 시간이 다가온다는 것입니다. 그것은 정녕 유다에게는 아름다운 소식이 아닐 수 없었습니다.

> "볼지어다 아름다운 소식을 알리고 화평을 전하는 자
> 의 발이 산 위에 있도다…"                    (나 1:15)

여기 나훔이 전하는 아름다운 소식이 있습니다. 이 소식은
궁극적으로 메시아 되신 예수님을 구주와 주님으로 믿고 그
의 통치를 받을 백성들에게 허락된 아름다운 삶의 약속입니
다. 여기 나훔 선지자가 예수를 주로 믿은 백성들에게 약속하
는 아름다운 새로운 삶의 정체는 무엇입니까?


## 1. 평화의 삶입니다.

> "볼지어다 아름다운 소식을 알리고 화평을 전하는 자
> 의 발이 산 위에 있도다…"                    (나 1:15)

우리는 동일한 메시지의 선포를 이사야 선지자를 통해 들을
수 있습니다.

> "좋은 소식을 전하며 평화를 공포하며 복된 좋은 소식
> 을 가져오며 구원을 공포하며 시온을 향하여 이르기
> 를 네 하나님이 통치하신다 하는 자의 산을 넘는 발이
> 어찌 그리 아름다운가"                       (사 52:7)

두 선지자는 동일하게 좋은 소식 혹은 아름다운 소식의 핵심이 평화 혹은 화평이라고 말합니다. 그리고 이런 평화의 삶은 하나님의 통치의 결과라고 말합니다. 여기서 평화는 히브리어로 샬롬입니다. 이런 샬롬은 감상적인 마음의 화평이 아닌 하나님과의 바른 관계로 얻어지는 내 모든 삶의 건강함인 것입니다.

성경 전체를 통하여 샬롬, 평화라는 단어를 연구해 보면 언제나 두 가지 순서로 되어 있습니다.

**1) 하나님과의 평화(Peace with God)**
**2) 하나님의 평화(Peace of God)**

성경은 본성적으로 인간은 하나님과 원수 된 관계에 있었다고 가르칩니다. 거룩하신 하나님은 죄를 향해 진노하시는 분이십니다. 우리의 죄가 우리를 하나님과 원수 된 자리에 있게 한 것입니다. 그러나 인간과 하나님 사이에 화목제물 되신 예수 그리스도께서 우리가 받아야 할 진노를 대신 받으심으로 우리는 이제 하나님과 화목(평화)하게 된 것입니다. 이렇게 화목제물 되신 예수 그리스도를 믿고 하나님과 평화한 사람들에게 하나님이 주시는 선물이 하나님의 평화입니다. 이런 하나님의 평화가 마음에 있는 사람들만이 평화를 이웃들과 나누며 살아갈 수 있습니다. 만일 우리 중에 이웃들에 대하며 이유 없이 적대적이고 공격적인 사람들이 있다면 그 원인은 자기 마음속에 하나님의 평화가 없는 때문입니다. 그리고 하나님의 평화가 그 마음속에 없다면 그는 하나님과의 바른 관계, 곧 하나님과의 평화가 이루어지지 않은 때문인 것입니다. 만일 오늘 내 마음이 갈망하는 진정한 평화가 없다면 문제는 내 수양이 부족해서가 아니고, 내 평화를 앗아 가는 그 누구, 그 무엇 때문이 아니고 하나님과의 바른 관계가 없는 때문입니다. 그리고 하나님과의 바른 관계는 예수 그리스도를 참으로 만나지 않고는 이루어질 수 없습니다. 그가 거룩하신 하나님과 죄인 된 인간 사이의 유일한 화해자, 혹은 중보자이시기 때문입니다. 그런데 예수를 나의 구주와 주님으로 영접했을 때 나는 두려움 없이 하나님을 아버지로 부르고 하나님의 놀라운 평화가 임하는 것입니다. 그들에게 주님이 말씀하십니다.

> "평안을 너희에게 끼치노니 곧 나의 평안을 너희에게 주노라 내가 너희에게 주는 것은 세상이 주는 것과 같지 아니하니라 너희는 마음에 근심하지도 말고 두려워하지도 말라" (요 14:27)

오늘 우리 모두 이런 평화의 삶을 누릴 수 있다고 나훔 선지자는 약속합니다. 아름다운 약속, 아름다운 소식이 아닙니까?

## 2. 축제의 삶입니다.

"…유다야 네 절기를 지키고 네 서원을 갚을지어다…"

(나 1:15)

그동안 유다 백성들은 소위 절기를 지킬 수 없었습니다. 그들은 끊임없이 앗수르 군대 그리고 니느웨 왕에 의해 침략을 당하고 있었습니다. 그들에게 절기를 지킨다는 것은 사치한 기대였던 것입니다. 그런데 여기 복음이 있습니다. 아름다운 소식이 있습니다. 그것은 그들이 다시 절기를 지키게 된다는 것입니다. 그리고 이 축제의 절기를 지키며 앞으로 이렇게 살겠다는 서원을 하게 된다는 것입니다. 생존에 시달리고 있는 사람들은 서원을 드릴 마음의 여유도 없습니다. 그런데 이제 서원도 하고 과거에 이미 서원한 것(약속한 것)을 또한 지키며 살겠다는 것입니다. 이제 바야흐로 축제가 다시 시작되는 것입니다.

하버드의 신학자인 하비 콕스(Harvey Cox)는 인간을 'homo festivus(축제 하는 인간)'라고 말했습니다. 그리고 그는 기독교의 메시지가 복음일 수 있는 이유는 성경의 종교는 축제의 종교이기 때문이라고 말했습니다. 하나님은 이렇게 말씀하십니다.

"이스라엘 자손에게 말하여 이르라 이것이 나의 절기
들이니 너희가 성회로 공포할 여호와의 절기들이니라"

(레 23:2)

여기서 '절기'라는 단어는 영어로 'feast' 혹은 'festival'로
축제라는 말입니다. 구약성경에는 7대 절기(유월절, 무교절,
초실절, 오순절, 나팔절, 속죄절, 초막절)가 있습니다. 그런데
이 7대 절기들은 모두 신약의 주님 그리스도와 연관되어 있
습니다. 유월절은 어린양 예수의 희생의 죽음을, 무교절은 예
수 그리스도의 거룩한 삶을, 초실절은 예수 그리스도가 부활
의 열매 되심을, 오순절은 예수 그리스도가 그의 영으로 우리
에게 임하심을, 나팔절은 예수 그리스도의 다시 오심을, 속죄
절은 예수의 다시 오심으로 전 인류가 온전하게 속죄됨을, 초
막절은 예수 그리스도의 오심으로 우리가 영원히 그 나라에
서 즐거워함을 보여 주는 것입니다. 정말이지 그리스도인들이
야말로 축제 하며 살 이유가 있는 사람들이 아닌가요? 그래서
신약에는 1년에 7회가 아닌 매주 축제를 가져야 한다고 말합
니다. 그것이 바로 예수 부활의 날에 우리가 드리는 예배입니
다. 그가 우리를 대신하여 죽으시고 다시 사심으로 우리로 축
제 인생을 살게 하신 것입니다. 이제 우리는 주 부활의 사건을
생각하며 예배를 드릴 때마다 축제를 선포하는 것입니다. 그
래서 예배학자들은 예배의 본질을 celebration, 곧 축제라고

말합니다.

　나는 최근의 우리 교회 예배를 지켜보며 축제가 살아나는 것을 느낍니다. 우리의 축제의 핵심은 십자가 복음입니다. 그것이 살아나고 있는 것이 감사합니다. 찬양이 살아나고 있는 것이 감사합니다. 기도가 살아나고 있는 것이 감사합니다. 예배의 기대, 예배의 기쁨이 회복되고 있는 것이 감사합니다. 예배를 기다리는 사람들, 예배를 기뻐하는 사람들로 우리 교회가 축제의 공동체로 부활하고 있는 것이 감사합니다. 메시아가 우리를 다스리는 곳에 축제의 삶이 있습니다. 이 축제를 주일마다 누리는 우리 교회가 되시기를 축복합니다.


## 3. 영광의 삶입니다.

> "파괴하는 자가 너를 치러 올라왔나니 너는 산성을 지
> 키며 길을 파수하며 네 허리를 견고히 묶고 네 힘을
> 크게 굳게 할지어다"　　　　　　　　　　　　(나 2:1)

　본문 2장 1절의 말씀은 니느웨의 마지막 멸망의 순간을 예고합니다. 파괴하는 자가 너를 치러 올라온다고 말합니다. 이 말씀은 이제 하나님이 바벨론을 일으켜 이스라엘을 괴롭히던

앗수르와 그 중심 세력 니느웨를 몰락시킬 것에 대한 예언입니다. 사실 2장 1절은 문학적인 역설의 표현으로 니느웨가 아무리 노력해도 스스로를 지킬 수 없는 것을 조롱하는 말입니다. 네가 아무리 산성을 지키려 해도, 네 길을 파수하려 해도, 네 허리를 견고히 묶을지라도, 네가 힘을 굳게 할지라도 이제는 소용이 없을 것이라는 말입니다. 이런 니느웨의 종말은 나훔서의 마지막에 더욱 명료하게 예언되고 있습니다.

> "[18]앗수르 왕이여 네 목자가 자고 네 귀족은 누워 쉬며 네 백성은 산들에 흩어지나 그들을 모을 사람이 없도다 [19]네 상처는 고칠 수 없고 네 부상은 중하도다 네 소식을 듣는 자가 다 너를 보고 손뼉을 치나니 이는 그들이 항상 네게 행패를 당하였음이 아니더냐 하시니라"
> (나 3:18-19)

앗수르의 마지막 멸망을 보고 온 세상이 환호할 것이라고, 손뼉을 칠 것이라고 말합니다.

그런데 이런 앗수르의 멸망은 역설적으로 이스라엘의 회복의 시작이 되었습니다. 본문에서는 이스라엘의 영광이 회복될 것이라고 말합니다.

"여호와께서 야곱의 영광을 회복하시되 이스라엘의
영광 같게 하시나니…"                      (나 2:2)


　과거 구약시대에 이스라엘 백성들이 가장 무서워한 말이 무
엇인지 아십니까? '이가봇(Ichabod)'이라는 말로, 영광이 이
스라엘에서 떠난다는 의미입니다. 엘리라는 제사장이 사역하
던 때 이스라엘은 블레셋과의 전쟁에서 대패하여 3만 명의 병
사를 잃었으며, 제사장 엘리도, 그의 두 아들 홉니와 비느하스
도 죽었습니다. 이러한 끔찍한 패배를 경험하고 있던 때에 그
동안 이스라엘을 영적으로 인도하던 법궤마저 적에게 빼앗겼
다는 소식이 들려옵니다. 그런데 바로 그때 엘리 제사장의 며
느리가 아기를 해산하자 그 아기의 이름을 이가봇이라고 지
어, 이스라엘의 영광이 떠났다고 고백한 것입니다. 그 이후 하
나님의 공동체가 흔들릴 때마다 이스라엘 백성들은 '이가봇'을
외치며 회개의 기도를 드렸습니다.

　그렇다면 '이가봇'의 반대말은 무엇입니까? '쉐키나
(Shekinah)'로, 그 의미는 "하나님의 영광의 다시 돌아옴"이
었습니다. 구약의 에스겔서는 빼앗겼던 하나님의 영광이 이스
라엘에 다시 돌아오는 회복을 다루고 있습니다. 그 결정적인
구절이 에스겔 43장 2절입니다.

"이스라엘 하나님의 영광이 동쪽에서부터 오는데 하나님의 음성이 많은 물소리 같고 땅은 그 영광으로 말미암아 빛나니" (겔 43:2)

나는 최근 우리 교회에 그리고 한국 교회 안에 이런 하나님의 영광이 회복되는 징조들을 봅니다. 우리가 기다려 온 것, 이것입니다. 하나님의 영광이 가득한 교회, 말씀과 찬양과 기도에 그의 영광이 가득한 교회가 되는 것입니다. 교회가 회복되면 우리의 가정도 자녀들도 사업도 회복될 것입니다. 그것이 바로 메시아의 통치를 받는 영광의 삶, 쉐키나의 삶입니다. 이 은혜가 지속적으로 충만하시기를 기도하십시다. 평화의 삶, 축제의 삶, 영광의 삶으로 충만하시기를!